高职高专物流管理类“十三五”规划教材

物流客户服务

主编 朱龙 高欢

WUHAN UNIVERSITY PRESS
武汉大学出版社

图书在版编目(CIP)数据

物流客户服务/朱龙,高欢主编.—武汉:武汉大学出版社,2016.2(2020.1重印)
高职高专物流管理类“十三五”规划教材
ISBN 978-7-307-17422-1

Ⅰ.物… Ⅱ.①朱… ②高… Ⅲ.物资企业—企业管理—销售管理—高等职业教育—教材 Ⅳ.F253

中国版本图书馆 CIP 数据核字(2015)第 321986 号

责任编辑:黄金涛　　责任校对:李孟潇　　版式设计:马　佳

出版发行:**武汉大学出版社**　(430072　武昌　珞珈山)
(电子邮箱:cbs22@whu.edu.cn　网址:www.wdp.com.cn)
印刷:武汉中科兴业印务有限公司
开本:787×1092　1/16　印张:8.25　字数:193 千字　插页:1
版次:2016 年 2 月第 1 版　　2020 年 1 月第 2 次印刷
ISBN 978-7-307-17422-1　　定价:21.80 元

总　序

近年来，随着经济的快速发展，现代物流逐渐成为我国经济生活中的热点，社会需求日趋旺盛。与此相适应的，社会对物流人才的需求也逐年增加。基于此，许多高职高专院校作为职业人才的培养基地，纷纷开设了物流管理专业。

从高职高专人才培养方向来看，物流管理专业培养的主要是物流各功能岗位的操作人员，从事运输管理、仓储管理、报关、理货、配送、客户关系管理等方面的工作。这些岗位的人员必须熟悉物流行业，掌握运输、仓储、包装、装卸、流通、加工、商贸等方面的专业技能知识，并能熟练地运用到实际工作中。因此，在教学过程中，需要重点提高学生的动手能力，提升学生的综合素质，以培养适合社会需求的专业人才，使学生能学有所需，学有所用。

然而，在实际应用中，适用于高职高专人才培养目标的精品教材却非常匮乏。因此，探索和编写技能型、实践型、创新型的精品教材以促进高职高专人才培养目标的实现，是目前高职高专物流管理专业教学的当务之急。

针对上述情况，我们从物流管理专业所需的教育教学技能角度出发，结合物流行业的现实需求，紧密围绕培养高等技术应用型专门人才这一目标，编写了本系列教材。本套教材包括物流管理专业基础课与必修课等核心课程，其编写特点如下：

- **理论“够用”**

区别于以往教材理论部分占比较重，本套教材从岗位能力出发，精选“管用”、“够用”、“适用”的理论知识，从而更好地指导学生的学习，提高学习的效率。

- **突出技能**

内容编写上以高职高专学生必备的职业技能为主线，通过“情境设置”、“项目驱动”、“教学做结合”等形式，以便于学生轻松掌握。

- **讲究实践**

按照培养应用型人才的特点，充分考虑行业、企业所要完成的典型任务，在书中安排实训的环节，激发学生参与教学其中，以提高其动手的能力、解决问题的能力。

- **力求创新**

编写理念的滞后、缺乏创新是导致教材不能发挥应有作用的内在原因。本套教材在编写方式上创新使用了“理论+实例+案例”的形式，并且把枯燥的文字表述转换为图、表的形式，使得全书图文并茂，便于教学，学生使用时也能一目了然。同时，教材中尽量吸收最新的发展成果，以保证教材的时代感。

- **服务教学**

本套教材配有辅助教师教学的丰富的教学资源包，包括技能训练指导、课后习题答案及相关教学资源库等，这些配套的资料，将极大方便教师使用这套教材。

本系列教材主要适用于高职高专学校物流管理专业学生的教学，并可供相关从业人员自学使用。

高职高专物流管理类教材编委会

2015 年 3 月

前　　言

近几年，我国物流业发展迅速，一大批物流企业脱颖而出，甚至出现了不少大型企业，成为一个非常庞大而且复杂的行业。

物流客户服务是物流管理专业的岗位能力课程。它结合当今物流企业经营管理运营的实际。着重对现代物流客户服务基本知识和理论、物流服务的概括、物流客户服务的重要内容和特征、物流客户服务的策略、物流客户服务的方法和技巧、物流客户关系的维护与发展、物流服务市场营销以及物流客户的信息服务等一系列的基本问题作了分析和阐述，力图将现代物流客户服务的理念、先进的物流客户服务的技术和管理，本课程在培养学生的创新意识、分析和解决实际问题的能力，以及客户服务实践能力等方面，发挥着积极的作用。

在物流现代化、科学化、规模化发展的大环境下，以学生就业为导向，以学生能力培养为本位，突出职业教育的特点，结合学校教学的实际情况，将物流的基本理论和企业运作的实践紧密结合，坚持物流业务开展的过程就是物流客户服务的过程的观点，着重对物流客户服务的基本理论、基本内容、基本技能和技巧以及考核的标准和程序、物流客户服务的新技术等问题作了简明扼要的阐述和介绍，切实为学生学习和掌握物流客户服务的基础知识和操作技能提供理论和实践的指导。

本书在编写过程中力求案例选用恰当、易于理实一体化教学的特色，精选了"物流客户服务认知"、"物流客户开发与拜访礼仪"、"物流客户接待礼仪"、"物流客户投诉处理"、"物流客户关系维护"、"物流重点客户的管理实施"、"物流客户服务质量管理"七个单元。本书每一个单元都按照行动导向教学法编写，以教学目标选择导课案例和项目，明确了任务层次及知识准备，安排了动脑筋、能力训练和实践创新等训练题目，在同步测试中设计了单元小结、重要概念和基本训练等内容。这些设计结合实际，有利于读者拓展视野、提升客服能力和职业素质。本书可作为中、高职现代物流管理及相关专业用书，也可以作为物流管理人员的职业技能培训教材及其他客服人员的参考书。

本书在编写过程中参考了大量的书籍、文献、论文等，也尽可能地在参考文献中详细列出，在此对这些专家、学者表示深深的谢意。可能有些参考资料由于疏忽和其他转载的原因没有列出出处，在此表示深深的歉意。

由于编者水平有限，书中不妥之处在所难免，恳请读者批评指正。

编　者

2015 年 12 月

目　录

第一章　物流客户服务认知

☞知识目标

了解客户服务基本知识；
掌握物流客户服务概念；
了解物流客户服务的要素；
了解物流客户服务人员岗位素质要求。

☞技能目标

能够识别物流客户服务的要素；
能够联系物流客户服务的知识，对物流客户服务人员的岗位职责及岗位素质要求进行概要讲解。

【引例】

北欧航空公司再造服务

北欧航空公司在20世纪80年代初期因业绩衰退而陷入赤字困境。当时任关系企业总经理的卡尔森临危受命，接任公司的总经理一职，开始重建工作。

卡尔森没有像其他公司那样裁减员工、削减经费，而是采取了完全不同的做法。他认为经营上最重要的不是这些，而是在全球各地的一线员工与客户的接触过程中。每天大约5万人次的接触中，能否使客户满意，是决定公司业绩的主要因素。为使公司上下能够统一思想，卡尔森召集150名高级职员、经理，进行长达三周的集中会议，然后由他们将会议精神灌输给所有的员工，对企业文化、员工价值观和行动习惯都进行了改革。

在此同时，另外还有一项改革就是新设立“欧洲级”座位，卡尔森针对那些从正规途径购买机票的商人特别开辟了商业人士专用的等级，受到了极佳的评价。每当出现飞机延误，卡尔森必定亲自打电话了解原因，以彻底实施准确的时刻管理。

除了服务的改革之外，卡尔森还努力排除公司内部阻碍，发掘内部组织、制度及手续上可能影响客户满意的问题，并加以解决。通过这些措施，顾客对北欧航空的印象果然有所改观，而且在很短的时间内即扭亏为盈，成功地完成了公司重建的任务。

问题：卡尔森为什么将着眼点置于每天从业人员与客户间的无数接触过程中呢？

第一节 物流客户服务认知

一、客户服务的概念及重要性

1. 客户服务概念的理解

客户服务是一种无形的产品，而不是普通意义上的产品。服务产品是无形的，服务是虚的，看不见摸不着。而普通意义上的产品是有形的，看得见摸得着。在卖服务产品的时候，只能通过语言描绘，告诉你购买这个服务产品以后，你能得到什么样的服务，但是没有办法让你看得见摸得着。所以现在就是在研究如何把无形产品变为有形产品。怎么才能变成有形产品呢？就是把一种无形的东西通过客户服务人员，通过服务的环境，通过各种方便服务的方式，来把它变成有形的产品。

客户服务就是根据客户本人的喜好使其获得满足，最终使客户感觉受到重视，并成为企业的忠实客户。

【应用小案例 1-1】

将表 1-1 中短语组合起来可以组成服务的七种定义。

任务就是相互协作，对这些短语进行组合，将“客户服务意味着……”这句话补充完整。每个短语都应该意思完整，逻辑清晰。每个短语都必须使用到，而且只能使用一次。

表 1-1

完成	日常工作	格外出色地	
客户的	超越	期望值	
增加	价值和荣誉	为每次互动	
展现	你最好的状态	向每个客户	
发现	新方法	感到愉快的	让你的客户
让你惊讶于	自己	多好	能够做得
关心	你的客户	像	关心你的老祖母那样

2. 客户服务的重要性

（1）塑造企业品牌。

靠什么才能使品牌在激烈竞争的市场上独树一帜呢？不同的企业有不同的答案。有的企业认为是产品质量。产品质量的确是企业树立品牌的基础，但仅仅依靠优良的产品质量已不能吸引更多的客户。也有人认为是产品价格，于是价格战此起彼伏，愈演愈烈，但是价格竞争只能奏效一时，最终企业要为此饱尝恶果。

如果市场上的所有企业都能提供同样高质量的产品，又都像客户提供同样的折扣让利，及同样的广告投入，那么一家企业要想脱颖而出，关键在于塑造一个强势的品牌，并长久管理它。客户服务已成为21世纪企业塑造强势品牌的最有效的手段。

（2）提升企业竞争力。

企业的竞争已经由产品及价格转移到对客户的竞争，客户服务已经成为主宰企业生死存亡的关键。客户服务已成为企业塑造持续竞争优势的核心抓手，打造一流的客户服务能力已成为企业竞争的新焦点。拥有持续竞争优势的企业的员工也能从战略层面以深邃的客户需求先见能力而征服客户、傲视群雄。

（3）扩大销售。

企业可以通过提供各种服务来加强和客户的沟通联系，更好地实现销售目标，可以使客户获得更多的便利，满足客户的需求。另外，企业还可以在销售的过程中为客户及时提供各种信息，使客户增长消费知识，了解市场信息和商品信息，掌握商品的使用方法，以便于客户购买。

【应用小案例 1-2】

以前，在国内经常见到这种现象：早晨起来出门，发现在修路，挺好的路刨了一条沟，有些指示牌写着“前方施工请绕行”。现在好像比原来好了一些，字也比原来多了一点：“前方施工请您绕行，由于施工给您带来不便，请您谅解。”

问题：现在为什么在指示牌上面加上“由于施工给您带来不便，请您谅解”这句话？

二、物流客户服务认知

1. 物流客户服务定义

物流客户服务是指物流企业为促进其产品或服务的销售，发生在客户与物流企业之间的相互活动。它是按照客户的要求，为克服产品在时间和空间上的间隔而进行的经济活动。它的内容满足客户需求，保障供给，而且在量上满足客户在适量性、多批次、广泛性上的要求，在质上满足产品或服务安全、准确、经济的要求。

2. 物流客户服务的构成要素

从物流服务的过程上看，物流客户服务的组成要素分为交易前要素、交易中要素、交易后要素三部分，每部分包含不同的服务要素，如图 1-1。

（1）交易前要素。

直接影响客户对企业及其产品或服务的初始印象，优良的交易前要素将为物流企业稳定持续地开展服务活动打下良好基础。具体包括以下内容：

①关于客户服务的书面指南。客户服务书面指南以正式文件的形式阐明客户服务的标准，明确每个员工的责任和具体业务内容。

②告知客户的书面服务指南。通过客户书面服务指南使客户可以了解到自己能够获得什么样的服务。

③客户服务组织结构。应该有一个较好的组织结构用以保障和促进各职能部门之间的

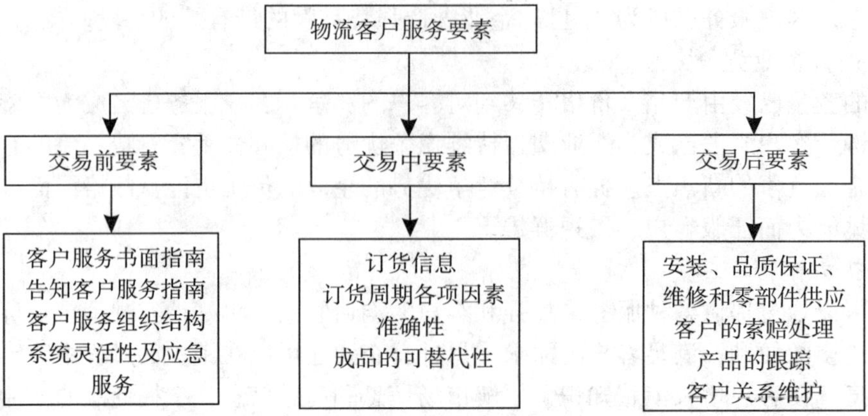

图 1-1　物流客户服务要素

沟通与协作。

④系统灵活性及应急服务。物流系统在设计时要注意灵活性和必要的应急服务，以便于顺利地响应突发事件。

（2）交易中要素。

交易中要素主要是指直接发生在物流过程中的客户服务活动。主要包括以下内容：

①订货信息。可以向客户快速准确地提供所购商品的各类信息。

②订货周期的各项因素。订货周期是从客户下单到收货为止所包含的时间，订货周期包括下单、订单汇总、订单处理、货物拣选、流通加工、包装、配送等作业。

③准确性。客户不仅希望快速获得商品信息，同时也要求订货和库存及送达时间的准确性。

④产品的可替代性。当缺货发生时，物流企业要为客户提供合适的替代产品。

（3）交易后要素。

交易后要素主要是指在客户收到产品或服务后继续提供的服务，对提高客户满意度和留住客户非常重要。主要包括以下内容：

①承诺安装、品质保证、维修和零部件供应。主要是指企业向客户承诺的产品质量与客户的期望值，以及后续商品的维修和零部件的供应。

②客户的索赔处理。当客户的商品发生产品质量问题时，客户提出索赔，客户服务负责接受处理索赔事件。

③产品的跟踪。主要是指客户在使用所订购的商品或服务时，企业对使用本公司商品或服务的客户回访调查。

④客户关系维护。指通过收集分析客户成交资料，对客户进行有效分类和管理，并对优质客户进行有效维护，提高客户满意度，防止客户流失。

3. 物流客户服务的内容

随着物流的不断发展，人们对物流的认识不断加深，物流客户服务的各项功能越来越多地被人们开发出来，逐渐得到了企业和社会的关注，也成为顾客选择服务时的参考因素。物流客户服务分为基本物流客户服务及增值物流客户服务。

（1）传统的物流客户服务。

①物流运输客户服务。

做好物流运输客户服务的主要内容就是物流运输的合理化。合理化的主要目的是减少物流运输过程中存在的一些不合理运输，从而提高物流运输效率、节约运输成本。不合理运输大多是由运输线路选择不当或对运输作业缺乏统筹规划造成的，其主要表现形式有：倒流运输、迂回运输、无效运输、重复运输等。

第一，选择合理的运输方式。

选择运输方式应当依据货物的属性、批量、运输距离、时间要求和运输成本五个方面的影响因素，结合各种运输方式的特点进行。

总之，所选择的运输方式应当满足物流服务总体要求的前提下，达到成本最低的目的，从而实现运输服务合理化。

第二，物流运输的合理化。

由于运输是物流最重要的功能之一，因此物流的合理化在很大程度上依赖运输的合理化。运输合理化的影响因素有很多，起决定作用的主要有运输布局、运输环节、运输工具、运输时间、运输费用五个方面，即合理运输的“五要素”。运输服务的合理化是企业减低物流成本，挖掘第三利润源的主要手段，也是物流服务管理人员的一项重要任务。

②物流保管客户服务。

物流保管服务也就是为客户提供仓储服务或库存服务。要提高物流保管服务水平，最基本的就是要做到库存合理化，它以最经济的手段和方法从事库存活动。

保管是物流服务的第二大职能，它实现了物流的时间价值。对于企业来说，保管功能是通过一定的库存来实现的。与运输一样，企业既可以构建自己的仓库，或租用仓库，来对产品进行管理，也可以交给第三方物流来完成这项服务。

③物流配送客户服务。

物流配送服务是直接面对最终客户所提供的物流服务，它需要将小批量多品种的货物在较短时间内交付给客户。合理的配送服务对提高整个物流服务水平具有重要的影响。

配送是物流服务的第三大职能。配送是将货物送交收货人的一种活动，目的是要做到收发货经济，运输过程更为完善，保持合理库存，为顾客提供方便，可以降低缺货的危险，减少订发货费用。

④物流装卸客户服务。

这是为了加快商品的流通速度必须具备的功能，无论是传统的商务活动还是电子商务活动，都必须配备一定的装卸搬运能力，第三方物流公司应该提供更加专业化的装载、卸载、提升、运送和码垛等装卸搬运机械，以提高装卸搬运作业效率、降低订货周期和减少作业对商品造成的损坏。

⑤物流包装客户服务。

物流的包装作业目的不是要改变商品的销售包装，而在于通过对销售包装进行组合、拼配、加固，形成适于物流和配送的组合包装单元。

⑥物流流通加工客户服务。

流通加工的主要目的是方便生产或销售，专业化的物流中心常常与固定的制造商或分销商进行长期合作，为制造商或分销商完成一定的加工作业。例如，贴标签、制作并粘贴条形码等。

⑦物流信息处理客户服务。

由于现代物流系统的运作已经离不开计算机，因此可以将物流各个环节及各种物流作业的信息进行实时采集、分析、传递，并向货主提供各种作业明细信息及咨询信息，这是相当重要的。

⑧供应链客户服务。

供应链是围绕核心企业，通过对信息流、资金流和物流的控制，从原材料采购开始，直至中间产品及最终产品，最后由销售网络把产品或服务送到客户手中，将供应商、分销商、零售商和最终用户连接成一个整体的功能网络结构模式。

要提高供应链客户服务管理水平，就必须遵循供应链管理的原则和双赢策略，并建立战略合作伙伴关系。供应链客户服务水平的高低主要取决于供应链性能水平的高低，评价供应链性能的关键因素有速度、柔性、质量、成本、服务和库存水平。

（2）增值物流客户服务

物流增值服务的概念是通过物流企业对客户的服务，可以提高客户物流活动的效率和效益，通过物流企业的物流服务，使物流成为客户的“第三利润源泉”。一般来讲，增值服务是对特定客户的特定要求实行的服务。当然，如果物流企业出于战略需要，并且有能力、有实力，也可以用增值服务的形式对所有的客户进行服务。

①增加便利的服务。

一切能够简化手续、简化操作的服务都是增值服务，简化是相对于客户而言的，并不是说服务的内容简化，而是指为了获得某种服务，以前需要客户自己做的一些事情，现在由商品或服务提供者以各种方式代替客户做了，从而使客户获得这种服务变得简单，不需要培训。在提供便利性服务的同时，实现一条龙、门到门的“一站式”的物流服务，提供完备的操作或演示或作业提示，免培训、省力设计等。

②加快反应速度的服务。

快速反应已成为物流发展的动力之一。传统的观念和做法将加快反应速度变成单纯对快速运输的一种要求，而现代物流观点则认为有两条途径可以使过程加快：第一，提高运输基础设施和设备的效率，如修建高速公路、铁路提速、制定新的交通管理办法等；第二，优化电子商务系统的配送中心、物流中心网络，重新设计适合电子商务的流通渠道，以此来减少物流环节、简化物流过程、提高物流系统的快速反应能力。

③降低成本的服务。

可以降低物流成本的方法包括：第一，采取第三方物流服务提供商；第二，企业间联合采取共同物流计划；第三，如果有一定的商务规模，可以采取适用的物流技术和设备措施，或推行物流管理技术，如单品管理技术、条形码技术和信息技术等，提高物流的效率和效益，降低物流成本。

④提供延伸服务。

物流客户服务使得整个物流过程更加完整化、系列化，将整个供应链集成在一起提供物流服务。向上可以延伸到市场调查、采购等，向下可以延伸到配送、物流咨询、教育和培训等。

4. 物流客户服务的作用

随着物流概念的成熟，人们越来越认识到客户服务已经成为物流系统，甚至整个企业成功运作的关键，是增强企业产品的差异性、提高产品和服务竞争优势的重要因素。

（1）细分化市场营销。

在细分化市场营销时期，客户服务已成为企业进行市场竞争的手段之一。长期以来，物流并没有得到人们的高度重视，在大众营销阶段，由于消费呈现出单一、大众化的特征，经营是建立在规模经济基础上的大量生产、大量销售。因而，物流功能只是停留在商品传递和保管等一般性业务活动上，物流从属于生产和消费，从而成为企业经营活动中的附属职能。但是，进入细分化市场营销阶段后，市场需求出现多样化和分散化，而且发展变化十分迅速。在这种状况下，企业经营比以前任何时期都要艰巨，即只有不断符合各种不同类型、不同层次的市场需求，并且迅速、有效地满足其欲望，才能使企业在激烈的竞争和市场变化中求得生存和发展。而差别化策略中的一个主要内容是客户服务上的差异，所以作为客户服务重要组成部分的客户差别化服务也相应具有了战略上的意义。也就是说，客户服务是差别化营销的重要方式和途径。

（2）物流客户服务水平对物流经营的影响。

物流客户服务水平的确立对物流经营绩效具有重大影响。决定客户服务水平是构筑物流体系的前提条件，在物流开始作为企业经营战略重要一环的过程中，客户服务越来越具有经济性的特征，即客户服务有随市场机制和价格机制变化而变化的倾向。或者说，市场机制和价格机制的变动，通过供求关系既决定了客户服务的价值，又决定了一定服务水平的成本。所以，客户服务的供给不是无限制的，否则，过高的客户服务势必损害企业效益，不利于企业收益的稳定。因而，制定合理或企业预期的客户服务水平是企业决策活动的重要内容之一。

（3）物流客户服务方式的选择对降低物流成本的作用。

物流客户服务方式的选择对降低物流成本具有较大作用。低成本历来是企业追求的目标之一，而低成本的实现往往涉及商品生产、流通的全过程。除了原材料、零部件、人力成本等各种有形影响因素外，客户服务方式的选择对降低成本具有很大的作用。在市场竞争日趋激烈的今天，由于消费者在购买产品时有低价格倾向，因此，一些大型零售业为降低商品购入和调低物流成本，改变原来的物流体系，转而实行由零售主导的共同配送、直送、工厂配送等新型客户服务。这从一个侧面证明了合理的客户服务可以降低企业物流成本。

（4）物流客户服务是连结商家的手段。

物流客户服务是有效连接供应商、厂商、批发商和零售商的重要手段。物流客户服务作为一种特有的服务方式，一方面以商品为媒介，打破了供应商、厂商、批发商和零售商之间的隔阂，有效地推动了商品从生产到消费全过程的顺利流动。另一方面，物流客户服务通过自身特有的系统设施不断将商品销售、在库等重要信息反馈给流通中的所有企业，并通过对知识、技术等经营资源的积累，使整个流通过程不断协调地适应市场变化，进而创造出一种超越单个企业的价值效益。

（5）用提高客户满意程度来留住顾客。

过去，许多企业把重点过于放在赢得新顾客而很少放在留住现有顾客上，但是，最近研究表明留住顾客的战略越来越重要。保留顾客和公司利润率之间有着非常高的相关性，这是因为保留住顾客可以保留业务；为老顾客服务的成本较少；满意的顾客会提供业务中介；不少满意的顾客愿意支付议价。企业需要记住的最重要的问题是：一个对服务提供者感到不满的顾客将被竞争对手获得。留住顾客已成为企业的战略问题，物流领域的高水平的顾客服务能够吸引顾客，并留住顾客。因为对于顾客来说，频繁地改变供应来源会增加其物流成本及风险性。

【应用小案例 1-3】

如果你是客服主管，将如何做好物流客户服务呢?

上海××物流快递公司为了提高服务质量，在招聘时非常在意挑选合适的人，要求客服人员必须经过严格的培训后才能为顾客服务，同时通过投诉系统来调研、追踪和掌握顾客感受，适时调整服务方式，而且统一的物流客户服务质量标准对服务态度、服务方式等用指示性与限制性相结合的服务规范加以约束。

问题：你觉得上海××物流快递公司的做法适应了物流客户服务的哪些特征与服务要素？统一的质量标准能适应所有客户吗？

第二节　物流客户服务部门认知

一、了解物流客户服务部门

1. 物流企业的组织结构认知

【引例】

你毕业后和两个好友共同开办了一家物流公司，你们的想法很简单，虽然没有车辆、仓库等固定资产，但只要有市场需要，什么样的物流服务都提供。客户有货要运，你们就帮他完成找车、托运，客户有货要存，你们就帮他找仓库，赚个信息和辛苦钱。

问题：你们现在相互讨论一下，三个人该怎样分工协作呢？

（1）组织结构的定义。

组织结构是指企业全体员工为实现企业目标（为完成主营业务）而进行的分工协作，

在职务范围、责任、权利方面所形成的结构体系。

（2）物流企业组织结构。

物流企业组织结构是指企业内部组织机构按分工协作关系和领导隶属关系有序结合的总体。它的基本内容包括明确组织机构的部门划分和层次划分，以及各个机构的职责、权限和相互关系，由此形成一个有机整体。不同部门及其责权的划分，反映组织机构之间的分工协作关系，称为部门机构；不同层次及其责权的划分，反映组织机构之间的上下级或领导隶属关系，称为层次机构。如图 1-2 所示：

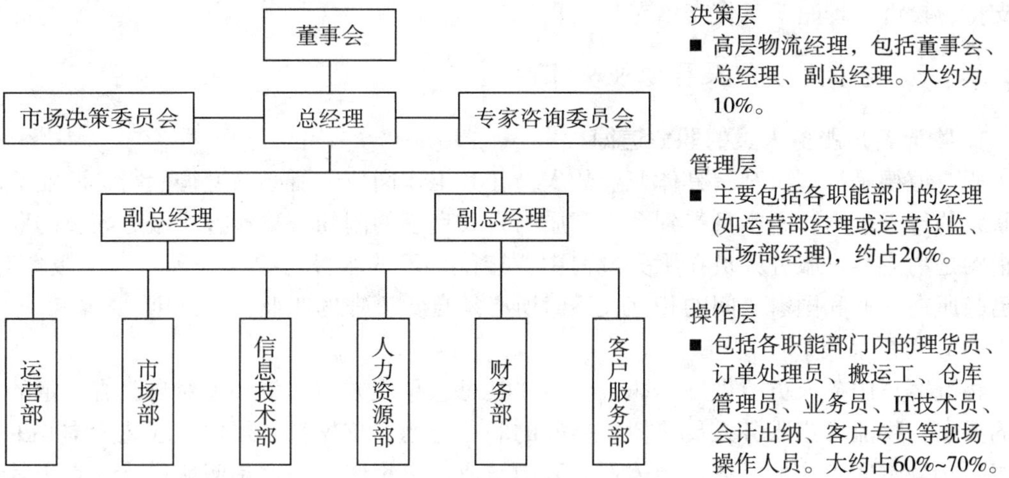

图 1-2　物流企业组织结构

2. 物流企业的客户服务部门

（1）物流企业客户服务部门概念。

物流企业客户服务部门是从物流企业的市场部门中分化出来，专门从事客户服务的部门，它并不是完成客户服务活动的主要部门，而是支持和善后的部门，能使客户服务水平更好地被保证。其职能包括：

①客户档案及客户回访、沟通、维护；

②客户投诉处理；

③培训、激励、评价和考核客服专员；

④监督运营指标的执行情况并提出改进建议；

⑤交易前中后期的订单处理、查询、跟踪等服务；

⑥客户的二次开发；

⑦大客户支持和管理。

（2）物流客户服务部门岗位设置及岗位职责。

①订单处理岗：接受客户订单信息并进行系统录入和传递，分为客户服务专员和业务受理专员。

②客户支持岗：负责客户档案管理、客户关系维护、客户二次开发，以及针对客户的

营销、运营等工作，具体分为客户服务专员、客户信息收集员、客户关系维护员等岗位。

③投诉处理岗：处理投诉，针对投诉案件提出业务操作问题及改进建议。

④保险理赔岗：选择保险公司并投保，针对客户理赔案件的处理，提出业务操作问题及改进建议。

⑤法务岗：合同管理，合同签订、履行情况监督、合同纠纷处理等。

⑥呼叫中心岗：数量众多的物流企业为了方便客户联系业务而设立的客服呼叫中心，有专门的客服热线，并对订单处理、订单信息查询、投诉、理赔等进行一站式作业。

⑦大客户岗：客户数量众多的物流企业为了更好地服务于关键客户而设立的，将大客户支持、投诉、理赔等工作交给专员负责。

二、物流客户服务人员职业要求

1. 物流客户服务人员的职业道德

职业道德是指从事某一具体职业的人，在其工作岗位上所必须遵循的与其职业活动紧密联系的行为准则，它本身受到个人素质与自我良心的制约。物流客户服务人员的职业道德指的是物流客户服务人员在服务过程中，接待自己的服务对象，处理自己与服务对象、自己与所在企业和国家之间的相互关系时所必须自觉遵守的职业行为准则。

（1）思想品质。

物流客户服务人员要做好本职工作，在其思想品质方面，就必须对自己有一定的规范化的要求，物流客户服务人员要树立良好的职业道德，首先就必须树立起热爱本职工作的思想。热爱本职工作，具体应当体现为爱岗敬业、忠于职守。这是职业道德有别于其他道德的主要特征。

物流客户服务人员要做到爱岗敬业，就要努力做到热爱自己所从事的具体职业；热爱自己所在的具体岗位，明确自己工作的目的与意义；忠于履行自己的职责。在工作上认真负责，在职业素质上精益求精，力求掌握最高的职业技能；勤勤恳恳，踏踏实实，始终如一，不计名利，认真做好本职工作。

（2）服务态度。

服务态度是指物流客户服务人员对于物流客户服务这一工作的看法，以及在为客户进行服务时的具体表现。一名物流客户服务人员的服务态度是否端正，通常直接影响到他为客户所提供服务的好坏。

【应用小案例 1-4】

失去耐心的损失

一位客户急匆匆来到某邮局窗口收银处。客户说：“小姐，刚才你算错了 100 元。”收银员满脸不高兴：“你刚才为什么不点清楚，银货两清，概不负责。”客户说：“那谢谢你多给的 100 元了。”客户扬长而去，此时，收银员目瞪口呆。

问题：你觉得该收银员的沟通问题出在哪里？

(3) 职业修养。

稍有阅历的人都知道，一名服务人员的职业修养，可谓"冰冻三尺，非一日之寒"。没有平时的从严要求和岁月的千锤百炼，便难有良好的职业修养可言。要提高自己的职业修养，服务人员就必须"从我做起，从现在做起"，在思想上、业务上对自己从难、从严要求。

具体来讲，要使物流客户服务人员在职业修养方面不断地提高，主要应当从下述两个方面着手。

①树立为客户服务的意识。

在日常的物流客户服务工作中，物流客户服务人员要树立起全心全意为客户服务的意识，并以满足客户的需求为自己最大的乐趣。每名物流客户服务人员都应该明白，必须为客户提供优质的专业服务，把企业给予的信任用于物流行业中，真正做到为客户服务、为客户着想。只有凭借优质的服务、精湛的专业技术，才能赢得广大客户的信任和支持。

②努力钻研业务。

物流客户服务人员要真正做好本职工作，仅有为客户服务的思想还不够，还必须有为客户服务的过硬本领。也就是说物流客户服务人员必须思想和业务素质都要过硬。这就要求物流客户服务人员努力学习各项有关的业务知识，不断地调整、充实自己，不断地提高自己的服务水平。现在具体讲述前、后台物流服务人员的主要职责和技能。

前台物流客户服务人员主要包括运输部门、储存部门和配送部门的前台客户服务人员。

第一，运输部门。运输部门的前台物流客户服务人员的主要职责是了解客户在何时、何地发货，发货量是多少，货物是否有特殊运输要求，要求在何时将货物运至何处等，然后通知后台分析人员，以便后台分析人员安排车辆调度、选择线路以及运输操作人员执行操作。

运输部门的前台物流客户人员的技能要求包括与客户沟通的技能和物流基本技能，后者又包括熟悉运输工具的基本属性和用途、了解各种货物的基本属性、掌握基本的计算机操作以及与运输活动相关的物流软件的使用、掌握运输活动的基本流程、能与其他物流部门的服务人员协调合作等。

第二，储存部门。储存部门的前台客户服务人员的主要职责是了解客户对商品的需求时间、需求数量以及客户地点，然后将信息反馈给后台分析人员，以便后台分析人员做出何时发货、发货量多少以及配送的决策。如果客户需要对商品进行包装或加工，则将信息反馈给包装部门或流通加工部门的工作人员。最后由后台分析人员通知配送部门的服务人员将货物送至客户手中。

储存部门的前台客户服务人员的主要技能要求包括与客户沟通的技巧和物流基本技能，后者又包括熟悉仓库的基本属性和用途、了解各种货物的基本属性、掌握基本的计算机操作与存储活动相关的物流软件的使用、掌握储存活动的基本流程、能与其他物流部门的服务人员协调合作等。

第三，配送部门。配送部门的前台客户服务人员的主要职责是了解客户的订需要求，包括订货量和商品需求时间以及送达地点；将信息传达给配送部门的后台服务人员，根据客户要求，对商品进行有效的分拣、配货、送货等。

配送部门的前台客户服务人员的主要技能要求包括与客户进行沟通的技巧和物流基本技能，后者又包括熟悉分拣、配货、送货的具体流程。

后台物流客户服务人员主要包括运输部门、储存部门和配送部门的后台客户服务人员。

第一，运输部门。运输部门客户工作人员的主要职责是根据后台分析人员下达的指令，选择合适的运输工具、运输线路，按时到指定地点接货，将货物运至处理中心，再根据指令将货物按时送至指定地点。运输部门的客户服务人员要保证货物在运输过程中的安全性、完整性和及时性。

运输部门的客户服务人员的主要技能要求是具备熟练操作使用运输工具、搬运工具的技能，熟练使用 GPS 系统等计算机软件的技能。

第二，储存部门。储存部门后台客户服务人员的主要职责是根据后台分析人员下达的指令，选择合适的装卸搬运工具，接受运输部门送来的货物，按照一定的程序存放在仓库中，并做好记录；负责仓库中货物的安全性，按照指令，将要出库的货物从仓库中调拨出来，做好记录，最终交给配送部门。

储存部门后台客户服务人员的主要技能要求是具备熟练使用搬运工具的技能和空间布局的知识等。

第三，配送部门。配送部门的后台客户服务人员的主要职责是根据客户要求，对商品进行有效的分拣、配货、送货，在满足客户利益基础上取得本企业的利益。

配送部门的后台客户服务人员的主要技能要求是熟练从事分拣、配货、送货的具体操作等。

2. 物流客户服务人员的形象礼仪

(1) 仪容礼仪。

①仪容的定义。

仪容主要是指一个人的五官容貌，包括一个人的头部和手部，如头发、脸庞、眼睛、鼻子、嘴巴、耳朵等，仪容是每个人生来就有的，具有先天性。但后天也可以通过改变来实现追求美的目的，所谓“三分长相，七分靠打扮”就是这个意思。对于物流客户服务人员来说，仪容礼仪方面应遵循以下两条基本原则。

第一，干净、整洁和卫生。

物流客户服务人员在平时必须勤洗理、勤修饰，使自己的仪容永远显得清爽、利索，坚决杜绝仪容上的脏、乱、差。

第二，修饰要避人。

物流客户服务人员按常规修饰个人仪容时，应该注意回避他人，不应当众修饰自己。在他人面前“当窗理云鬓，对镜贴花黄”，既失之端庄稳重，又有可能被人误解。如女性梳理自己的秀发，本属正常，但若是在工作岗位上这样做，可能会被视为孤芳自赏，缺乏敬岗爱业精神；而如果在大庭广众之下这样修饰自己，还有可能会被误解为搔首弄姿、举止轻浮。所以，物流客户服务人员要修饰、整理仪容，一定要注意回避他人，一般可以选择在更衣室或是洗手间进行。

②基本的仪容礼仪。

仪容礼仪包括个人卫生礼仪、美容美发礼仪等，是人们为维系社会正常生活而共同遵守的最起码的道德规范，它是人们长期在共同生活和相互交往中逐渐形成的，并且以风俗习惯和传统等方式固定下来，一般而言，物流客户服务人员的仪容礼仪主要体现在头发、面容、手部、颈部和脚部等几个方面。

a. 头发。

头发是人体的制高点，很能吸引他人的注意力。所谓头发的礼仪，就是通常所说的美发，即有关头发的护理及修饰的规范。在头发方面，对物流客户服务人员的基本要求是干净、整齐、长短适当，发型简单大方、朴素典雅，一般不可以完全不修饰，但也不可以太花哨。

在物流服务活动中，女士的发型种类较多，主要有长发、短发、卷发等，具体可依脸型、场合来决定。男士的发型变化则比较少，多以短发为主，以6cm左右为佳，最长也不应该后及领口，前过额头，左右遮住耳朵。女士头发的长度虽然相对要求“宽松”些，但最好不要长过肩部，或挡住眼睛。

物流客户服务人员的头发要时刻保持健康、洁净、清爽的状态，首先必须定期清洗头发，并坚持不懈，一般来说，每周至少清洗2~3次。其次是定期修理头发，至少要确保每月修理1次。最后是梳理头发，物流客户服务人员出门上班前、换装上岗前、摘下帽子时、下班回家时以及其他任何有必要的场合，都必须自觉梳理头发，确保齐整。

b. 面容。

面部是人际交往过程中为他人所注意的重点，英国有一句谚语：“当你同别人打交道时，他注意你的面部是很正常的。可他要是打量你身体的其他部位，那就有些不正常了。”在物流客户服务活动中，物流客户服务人员要使自己从容而自信，就不能忽略面容的修饰，决不允许面部不干净不卫生。修饰自己的面容，具体到各个环节，都有不同的要求和规定。

首先是面部的基本护理。

做好面部的护理工作是做好美容化妆的先行条件，在注重化妆对人的改变作用时，必须重视对面部皮肤的护理工作。了解自己的肤质，选择合适的肌肤保养品，采取正确的保养手段是非常重要的。

面部的清洁。洗脸的正确顺序是先从多油垢的“T”区地带洗起，接着是鼻子和下巴，然后再洗面颊和眼部四周，最后清洗耳部、颈部、眉间等。洗脸时要注意以下几点：一是要让洗面乳充分起泡，泡沫越细越不会刺激肌肤；二是不要过于用力揉搓肌肤，以免给肌肤带来不必要的负担；三是每个部位都要洗净；四是要用流水冲洗去沫；五是冲洗完毕后将毛巾轻贴脸颊自然吸干水分。

面部的护理。洗脸去污后，要及时补充水分和油脂、角质层内的保湿因子等，使肌肤回到原来的状态。可以使用化妆水和乳液进行日常的面部护理，还应视实际情况采用面膜敷脸的特殊保养方法。

其次是脸颊修饰。

面部化妆一方面要突出五官最美的部分，另一方面要掩盖或矫正缺陷或不足的部分。无论采用淡妆还是浓妆都要恰当运用化妆技术和化妆品才能达到美化形象的目的。

c. 手部、颈部和脚部。

手部。握手是物流服务交往中最基本的见面礼仪。一双干净、光洁的手往往能给交往对象留下好的印象。因此，手部是物流客户服务人员修饰仪容的重要部位。物流客户服务人员必须时刻保持手部净、清、爽，不得留长指甲，指甲内部也要注意不能够有污垢，不得在公共场所修剪指甲或是用牙齿啃咬指甲。女士不能使用色彩夸张的指甲油和甲饰，如果手上有厚重的体毛，还必须经常剃、褪，以示美观。

颈部。物流客户服务人员在清洗面部时，还不要忘了清洗脖颈、脖后等重要部位。如果只顾脸部而忽略了脖颈，致使二者反差过大，同样会给人留下不好的印象。对于随着年龄增长而显现的颈纹，也可适当加以修饰隐藏。

脚部。中国有句老话说："远看头，近看脚，不远不近看中腰。"由此可见，脚部的保养和修饰也是很重要的。物流客户服务人员，尤其是男士必须保持良好的卫生习惯，每天勤洗脚，勤换鞋袜，以清除脚臭。男士还要注意不能在公共场合穿短裤或是挽起长裤的裤脚。女士如腿毛过重，须注意进行剃、褪或是以丝袜进行遮掩。

③物流客户服务人员的仪容注意事项及要求。

表 1-2 及图 1-3 为物流客户服务人员的仪容注意事项及要求。

表 1-2 **物流客户服务人员的仪容注意事项及要求**

项目	男士	女士
着装	穿着标准工作装，熨烫平整、干净得体、无污点，裤线保持笔挺	
头发	梳理整齐、干净无异味、不留长发、无头皮屑	干净梳理有型的头发，发帘尽量不要遮住眼睛；留长发的女士用丝带扎住
面部	注意避免有眼屎、口臭、耳垢；胡须剃干净	注意避免有眼屎、口臭、耳垢；工作场合避免佩戴大耳环
手、指甲	手保持清洁，指甲勤修理，不宜留长指甲；避免佩戴戒指及手镯	
鞋	保持干部，鞋后跟不应有磨损	保持干净，鞋跟在某种程度上 5cm 以下为宜
袜子	尽量穿深色袜子，避免穿脏、破袜子	尽量穿肉色袜子，避免穿薄袜子，建议多备一双袜子在包里

（2）仪态礼仪。

①仪态的定义。

仪态通常是指人们身体呈现出的各种姿势以及人们在各种行为中所表现出来的风度，包括人们在日常生活中的行为动作和表情，如站姿、坐姿、走姿等，是一个人性格、气

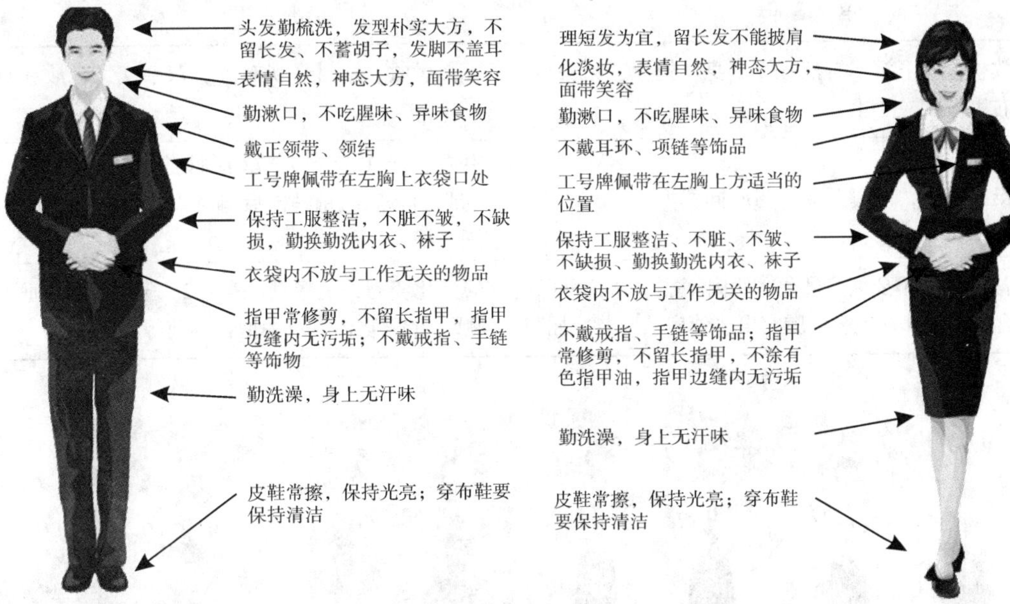

图 1-3　物流客户服务人员的仪容注意事项及要求

质、情趣、德才、学识、阅历、礼貌和修养等内在本质的外在体现。仪态用表情、动作或体态来交流感情、传递信息、协调关系，常作为一种伴随性语言来使用。

②基本的仪态礼仪。

在物流服务礼仪中，物流服务人员的仪态礼仪被视为“第二语言”，是一种不说话的“语言”，但却又是内涵极为丰富的“语言”。它所发挥的作用，在某种意义上来说，绝不亚于口头语言所发挥的作用。

“站如松，坐如钟，走如风，卧如弓”，是中国传统礼仪的要求，在当今社会中已被赋予了更丰富的含义。举手投足、一颦一笑都反映出个人特有的礼仪，它与人的风度密切相关，是构成人们风度的主要方面。正确的仪态礼仪要求做到自然舒展、充满生气、端庄稳重、和蔼可亲。正如培根所说：“论起美来，状貌之美胜于颜色之美，而适宜并优雅的动作之美又胜于状貌之美。”

服务型行业的仪态礼仪有很多内容，在此我们着重介绍与物流服务过程密切相关的站姿、坐姿、走姿、蹲姿与谈话姿势。

a. 站姿礼仪。

站立是人最基本的姿势，是一种静态的美。正确规范的站姿给人以挺拔笔直、精力充沛、积极进取、充满自信的感觉。在一些正式场合不宜将手插在裤袋里或交叉在胸前，更不要下意识地做些小动作，那样不但显得拘谨，给人缺乏自信之感，而且也有失仪态的庄重。站姿礼仪规范要求见表 1-3，正确站姿如图 1-4 所示，错误的站姿如图 1-5 所示。

表 1-3　　站姿礼仪规范要求

男　士	女　士
两肩放松，气下沉，自然呼吸。身体挺立，抬头挺胸，下颌微收，双目平视对方，双手交叉，放在身前，右手搭在左手上	
身体挺拔直立，两脚开立，与肩同宽	脚跟并拢，成 V 字形，或两脚稍微错开，一前一后，前脚的脚后跟稍稍向后脚背靠拢，后腿的膝盖向前腿靠拢
注意：1. 千万不要僵直硬化，肌肉不能太紧，可以适宜的变化姿态，追求动感美；2. 避免垂头、垂下巴、含胸、腹部松弛、肚腩突出、耸肩、驼背、屈腿、斜腰、依靠物体、双手抱在胸前等不良站姿	

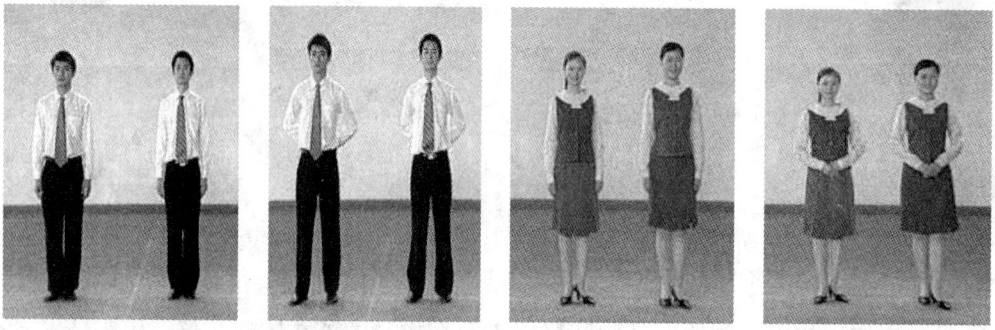

男士正确站姿　　女士正确站姿

图 1-4　正确的站姿

图 1-5　错误的站姿

b. 坐姿礼仪。

坐，也是一种静态造型。端庄优美的坐，会给人以文雅、稳重、自然大方的美感。在正式场合，入座时要轻柔和缓，起坐要端庄稳重，不可猛起猛坐，弄得桌椅乱响，造成尴尬气氛。不论何种坐姿，上身都要保持端正，如古人所言的“坐如钟”。若坚持这一点，那么不管怎样变换身体的姿态，都会优美、自然。符合礼仪规范的坐姿能传达出自信练达、积极热情、尊重他人的信息和良好风范。坐姿礼仪规范要求见表 1-4，正确坐姿如图 1-6 所示，错误的坐姿如图 1-7 所示。

表 1-4 **坐姿礼仪规范要求**

男 士	女 士
身体重心垂直向下，腰部挺起，上体保持正直，头部保持平稳，两眼平视，下颌微收，双掌自然地放在膝头或座椅的扶手上	
上身挺直，两腿分开，不超肩宽，两腿平行	双腿并拢，两脚同时向左或向右放，两手相叠后放在左腿或右腿腿上，也可双腿并拢，双腿交叉置于一侧
注意：1. 用手指示顾客就坐的座位，为顾客扶住椅子（遵循女士优先，长者优先的原则）。2. 坐下之前应轻轻拉椅子，用右腿抵住椅背，轻轻用右手拉出，切忌发出声响。3. 坐下的动作不要太快或太慢、太重或太轻。太快显得有失教养，太慢则显得无时间观念。4. 坐下后，上半身应与桌子保持一个拳头左右的距离，应大方自然，不卑不亢。5. 坐着与人交谈时，双眼应平视对方，但时间不宜过长或过短；也可用手势但不可过多或过大。6. 女士不可将双腿叉开。7. 双手不要叉腰或交叉在胸前。8. 不要摆弄手中的茶杯或将手中的东西不停地晃动 9. 腿脚不要不停地晃动	

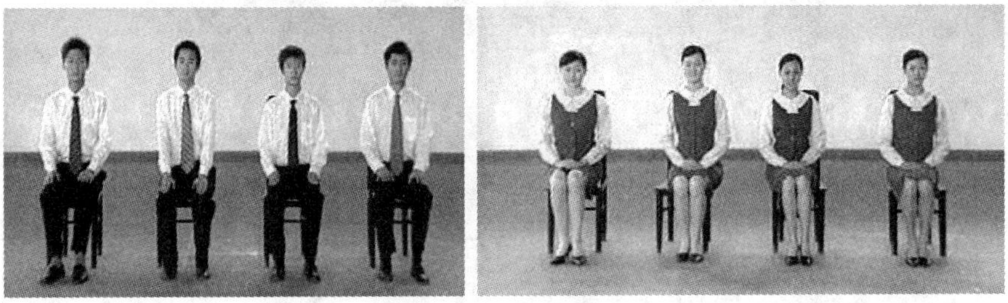

图 1-6 正确的坐姿

图 1-7 错误的坐姿

c. 走姿礼仪。

行走是人生活中的主要动作，走姿是一种动态的美。“行如风”就是用风行水上来形容轻快自然的步态。协调稳重、轻松敏捷的走姿会给人以动态之美，表现出朝气蓬勃、积极向上的精神状态。走姿礼仪规范要求见表 1-5，正确的走姿如图 1-8 所示。

表 1-5　**走姿礼仪规范要求**

起步时，上身略向前倾，身体重心落在脚掌前部，两脚跟走在一条直线上，脚尖偏离中心线约 10cm。行走时，双肩平稳，目光平视，下颌微收，面带微笑。手臂伸直放松，手指自然弯曲，手臂自然摆动，摆动幅度以 30~35cm 为宜。同时，速度要适中，不要过快或过慢，过快给人以轻浮的印象，过慢则显得没有时间观念，没有活力
注意：1. 上身倾斜和臂部摆动幅度不可过大，否则会显得形态不优美。2. 避免含胸、歪脖、斜腰及挺腹等现象发生

图 1-8　正确走姿

d. 蹲姿礼仪。

蹲姿是在需要降低体位以便捡起掉在地上的物品或进行其他操作时采取的姿势。在工作场合中为避免弯腰捡拾，特别是女士着裙装时，为避免不雅，一般都采用蹲姿。蹲姿礼仪规范要求见表 1-6，正确的蹲姿如图 1-9 所示。

表 1-6　**蹲姿礼仪规范要求**

下蹲时一般一脚在前、一脚在后，女士应大腿靠紧向下蹲，男士下蹲时两腿之间可有适当距离。前脚全脚掌着地，后脚跟提起，脚掌着地。臀部始终向下，基本上以后腿支撑身体。女士还可以采用交叉式蹲姿，基本上以后腿支撑身体
注意：1. 女士下蹲时两腿一定要靠近；臀部始终向下。2. 如旁边站有他人，尽量使身体的侧面对人，保持头、胸挺拔姿势，膝关节自然弯曲

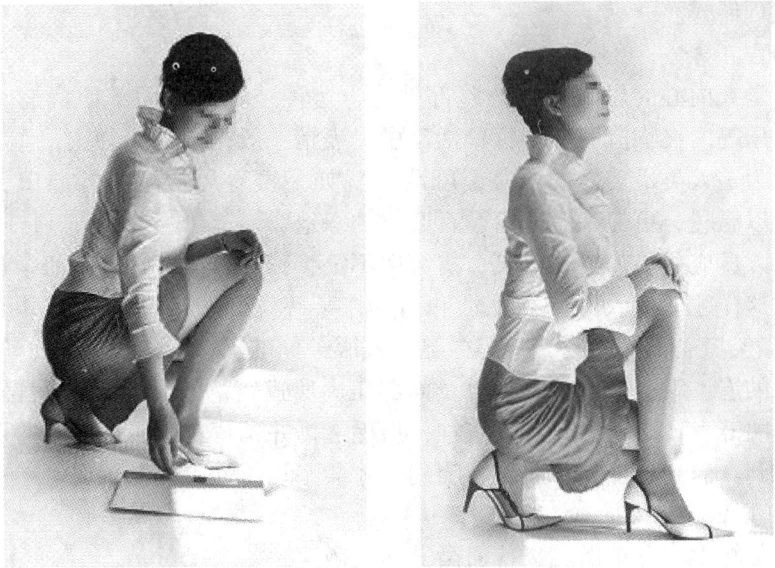

图 1-9　正确的蹲姿

e. 谈话姿势。

谈话的姿势往往反映出一个人的性格、修养和文明素质。所以，交谈时，双方要互相正视、互相倾听，不能东张西望、看书看报、面带倦容、哈欠连天。否则，会给人心不在焉、傲慢无礼等不礼貌的印象。正确的谈话姿势如图 1-10 所示。

图 1-10　正确的谈话姿势

（3）体态语言。

人的各种身体语言有些是天生的，如哭、笑，有些则是后天学习而来的；人与人之间大部分的非语言系统都是相通的，如微笑、愤怒，有些则有差异。所以，体态语在不同文化、习俗中有不同程度的差异性。大致来说，在人际交往和商务服务活动中，有以下几种常见的体语表现形式。

①表情语言。

表情语言是人内心的思想感情的脸部外化，这种外化通过面部肌肉运动来实现，如喜、怒、哀、乐等。在物流服务与营销活动中，表情一般是以喜乐为主，作为最基本的表情，微笑被认为是人类最美好的语言，可谓“犹如一缕春风抚慰人的心田，又似一束柔和的阳光给人以温暖，更似一滴雨露孕育心中的绿地”。

物流服务人员应戒绝苦笑、狂笑、皮笑肉不笑、狞笑、冷笑等使人心寒的笑容，施以迷人的微笑，这样才能使人际交往更加和谐。在某些方面服务性行业里早已提出并实施“八颗牙齿的微笑”、“1 米的微笑” 等微笑方式服务标准了。

笑是人们的眉、眼、鼻、口、齿以及面部肌肉所进行的协调运动。发自内心的微笑，会自然调动人的五官：眼睛略眯起、有神，眉毛上扬并稍弯，鼻翼张开，脸肌收拢，嘴角上翘。做到眼到、眉到、鼻到、肌到、嘴到，才会亲切可人，打动人心。

a. 微笑的类型。

最常见的微笑类型有小微笑、普通微笑和大微笑。

小微笑：往上提起两端，稍微露出上门牙 8 颗，配合微笑。保持 5 秒之后，恢复原来的状态并放松。

普通微笑：往上提起两端嘴角，露出上门牙 6 颗左右，眼睛也笑一点。保持 5 秒后，恢复原来的状态并放松。

大微笑：往上提起两端嘴角，稍微露出 2 颗门牙，配合微笑。保持 5 秒之后，恢复原来的状态并放松。也可以稍微露出下门牙，保持 5 秒，恢复原来的状态并放松。

b. 微笑训练方法。

在微笑训练的方法中有一种方法就是要将眼睛以下的部分挡住，练习微笑，要求从眼中看出笑的表情。这就是所谓的“眼中含笑”。这种训练方法的目的就在于：微笑时要调动多部位器官协调动作，形成微笑的表情。

最常见的微笑训练方法有简易训练方法和细节训练方法。

简易训练方法。用门牙轻轻地咬住木筷子，把嘴角对准木筷子，两边都要翘起，并观察连接嘴唇两端的线是否与木筷子在同一水平线上。保持这个状态 10 秒。在这一状态下，轻轻地拔出木筷子之后，练习维持这一状态。

细节训练方法。形成微笑是在放松的状态下培训的，练习的关键是使嘴角上升的程度一致。如果嘴角歪斜，表情就不会太好看。练习各种笑容的过程中，就会发现最适合自己的微笑。

②目光语。

目光语是人们通过视线接触所传递的信息，也称眼神。不同的眼神可以表达不同的含义。仰视，有尊敬崇拜的意思；俯视，一般表示爱护、宽容或者傲慢无礼；正视则体现平等、公正或自信坦率。商务交谈过程中，目光以亲切、温和、大方为宜，应多用正视的目光语。双目注视对方的眼鼻之间，表示重视对方或对其发言颇感兴趣，同时也体现出自己的坦诚，但若对方缄默不语，或是失言时，则不应看着对方，以免更加尴尬。

一般来说，如果两个人在室内面对面交谈，目光距离最好在1~3m之间，目光注视对方胸部以上、额头以下部位。有时可能会出现谈话双方目光对视的情况，此时不必躲闪，泰然自若地徐徐移开就可以了。

如果是许多朋友在一起交谈，讲话的人不能把注意力只集中在其中一两个熟悉的人身上，要照顾到在场的每一个人。同时，与谁交谈或看谁谈话时，就应把目光注视到对方身上，让人感觉到你在与他交谈或正在关注着他，以示尊重。

目光接触的技巧有：生客看大三角、熟客看倒三角、不生不熟看小三角。

与不熟悉的顾客打招呼时，眼睛要看他面部的大三角，即以肩为底线、头顶为顶点的大三角形。

与较熟悉的顾客打招呼时，眼睛要看着他面部的小三角，即以下巴为底线、额头为顶点的小三角形。

与很熟悉的顾客打招呼时，眼睛要看着他面部的倒三角形，即以眉毛为底线，鼻尖为顶点的倒三角。

③首语。

首语是通过头部活动所传递的信息，最常见的是点头语和摇头语。一般点头语的语义是首肯，摇头语的语义是否定。点头语的语义还包括致意、同意、赞同、感谢、应允、满意、认可、理解、顺从等。但因环境和文化的差异，首语也有不同的形式和含义。例如，在保加利亚和印度的某些地方，阿拉伯语系国家，他们的首语是“点头不算摇头算”，形式含义正好和常规相反，一定要注意区别。

④手势语。

手势语是通过手和手指活动所传递的信息。作为信息传递的方式，手势在日常交际中使用频率很高，范围也较广泛。人们常常以拍桌表示愤慨，捶胸以示悲痛，不停地搓手表现为难，翘起大拇指表示称赞，V型手势表示胜利和成功等，在我国还有拱手作揖的礼节。

有时候下意识的手势动作会暴露我们内心的秘密。如十指交叉是不自信、心情不愉快、沮丧时常有的动作。据专家研究表明，这实际是一种防御性手势动作。人们在陌生人面前或是在紧张场合，多有这种姿势，以寻找安全感。再如，一个人和你谈话时，手一直不停摆弄衣角、扣子、笔或随手可及的事物，那么，这个人内心很可能觉得不安、自卑、紧张。另外，双臂交叉胸前，既是拒绝又是保护。人总感到身体在某种屏障后才安全，所以就双手抱臂形成自我的保护圈，和对方、他人的距离拉宽了。所以听别人谈话时，应尽量少抱双臂。

指引客户方向或指明东西的时候，手臂应自然伸出，手心向上，四指并拢，出手的位置应根据与客户所处的位置而定，即使用与距离客户远的那条手臂。

⑤鞠躬。

鞠躬也是表达敬意、尊重、感谢的常用礼节。鞠躬时应从心底发出对对方表示感谢、尊重的意念，从而体现于行动，给对方留下诚意、真实的印象。在行鞠躬礼时，我们按标准站姿站立或按标准行姿行走时要适当减缓速度，面带微笑，头自然下垂，并带动上身前倾5°，时间要持续1~3秒。鞠躬礼仪如图1-11所示。

鞠躬礼仪的要点如下。

a. "欠身礼"通常是15°；"问候礼"通常是30°；"告别礼"通常是45°。

b. 鞠躬时眼睛直视对方是不礼貌的表现。

c. 地位低的人要先鞠躬，而且相对深一些。

d. 男士行礼时，手放在身体的两侧；女士行礼时，双手握于体前。

e. 当别人向你行鞠躬礼时，你一定要以鞠躬礼相还。

15°鞠躬　　30°鞠躬　　45°鞠躬

图 1-11　鞠躬礼仪

⑥服饰语。

服饰语是交际者在交际场合通过服装和饰物传递的信息。人的服饰同人的行为举止一样有着丰富的信息传播功能。如今，人们常以穿一套"合适"的服装来代表自己，服饰作为一种信号已成为一种特殊意义的交际语言。饰物本身并无意义，它只是一种象征、媒介。但是，饰物可以向别人表明一种思想，有时候也是在寻觅沟通者。我们都知道，臂戴黑纱，是对死者寄托哀思；胸戴十字架，是一种宗教信仰的表示；戒指的戴法则更是代表了不同的含义。因此，为了避免交际沟通中的误解，一定要准确理解服饰语。

正确地运用体态语言能够加强信息的沟通，反映个人的性格与修养，展现不同地域与民族的文化。

(4) 服饰礼仪。

俗语说"佛靠金装，人靠衣妆"，"人靠衣裳马靠鞍"。我们与人交往，首先注重的是他的服饰。成功的着装和仪表有着紧密的联系，穿着不当往往会降低一个人的身份，很难使周围的人对他有一个好的印象。更重要的是，它往往还是一个企业的信息窗口，与之交往的人可以通过员工的服饰水平去窥视企业的面貌和实力。物流客户服务人员在选择服饰时要根据人们的审美观及审美心理，注意遵循一定的基本原则。

①整洁原则。

整洁原则是指整齐干净的原则，这是服饰打扮的一个最基本的原则，一个穿着整洁的人总能给人以积极向上的感觉，并且也表示对交往对象的尊重和对社交活动的重视。

②个性原则。

个性原则是指物流客户服务人员的服饰打扮必须根据自己的年龄、身份、形体等特点穿出属于自己的个性、品位，塑造属于自身的职业形象。

在物流行业，物流客户服务人员的着装一般有统一的制服，要彰显自己个性的话，可以稍加修饰，佩戴一些简单的小饰物，如胸针、小丝巾。

③适合原则。

选择衣服不但要适合自己的个性特征，而且还要从服务环境的需要，有时候要学会放弃个性。

【应用小案例 1-5】

小林应该怎么做?

小林是佳吉物流公司新来的一名业务员，约了某家物流公司的经理明天来公司洽谈一笔业务，这笔业务是否谈成对他来说很重要，所以穿着及洽谈过程中的言语等都不容失误。

问题：小林应该怎么做?

④TPO 原则。

TPO 是 Time（时间）、Place（地点）、Object（目的）三个英文单词的缩写。这个原则的基本含义是人们在服装穿着、饰品佩戴等方面，不但要与自己的个性、风格、生理条件相适宜，而且还必须适应具体的时间、地点和目的的要求。TPO 是目前国际公认的服饰礼仪原则。一件被认为美的、漂亮的服饰不一定适合所有的场合、时间、地点。因此，我们在着装时应该要考虑到这三个方面的因素。

着装的时间原则（T 原则），就是指服饰打扮要考虑每天的早、中、晚时间的变化；春、夏、秋、冬四季的不同和时代的变化。着装的时代性是说服饰应该顺应时代发展的主流和节奏，不可超前，亦不可过于滞后。服装依四季可分为春装、夏装、秋装、冬装，切不可“要风度不要温度”，只顾美丽“冻人”。

着装的地点原则（P 原则），也就是环境原则，即不同的环境需要与之相适应的服饰打扮。一般来说，物流客户服务人员上班时的穿着要正统，适合穿制服、套装、套裙、连衣裙，饰品佩戴遵循“以少为佳”的原则，最多不要超过 3 件。社交时的穿着打扮则宜讲求时尚，展现个性。休闲时的着装要求最低，只要舒适得体即可。通常，人们把上班、社交的场合称为正式场合，此时的穿着称为正装；而把休闲的场合称为非正式场合，此时的穿着称为便装。物流客户服务人员一定要注意区分场合选择合适的着装，否则很可能影响到物流服务活动的顺利进行。

着装的目的原则（O 原则），是指场合气氛的目的原则，即着装应当与当时当地的气氛融洽协调，根据不同目的进行着装，通过穿着打扮给人留下好的印象，以便于物流服务活动顺利开展。例如，穿着旗袍去赴宴，是为了展示东方女性的独特风姿；穿着西式套裙去上班，是为了显示自己的成熟稳重；而穿上牛仔与朋友一起去登山踏青，则是为了轻松方便。

服饰的TPO原则的三要素是相互贯通、相辅相成的。人们在社交活动与工作中，总是会处于一个特定的时间、场合和地点之中。以此，在你选择着装时应该考虑：穿什么？怎么穿？这会是你踏入社会并取得成功的一个开端。

⑤配色原则。

服饰的美是款式美、材质美和色彩美三者统一的体现，形、质、色三者相互衬托、相互依存，构成了服饰统一的整体。而在生活中，色彩美是最引人注目的，因为色彩对人的视觉刺激最敏感、最快速，会给他人留下很深刻的印象。

服饰色彩的相配应遵循一般的美学常识。服装与服装、服装与饰物、饰物与饰物之间应色调和谐，层次分明。饰物只能起到画龙点睛的作用，而不应喧宾夺主。服饰色彩在统一的基础上应寻求变化，肤与服、服与饰、饰与饰之间在变化的基础上应寻求平衡。一般认为，衣服里料的颜色与表料的颜色，衣服中某一色与饰物的颜色均可进行相应的搭配。

第一，服装色彩搭配有3种方法可供参考。

同色搭配：由色彩相近或相同，明度有层次变化的色彩相互搭配形成一种统一和谐的效果。如墨绿配浅绿、咖啡色配米色等。在同色搭配时，宜掌握上淡下深、上明下暗的原则。这样整体上就有一种稳重踏实之感。

相似色搭配：色彩学把色环大约90°以内的近邻色称为相似色。如蓝与绿、红与橙。相似色搭配时，两个色的明度、纯度要错开，如深一点的蓝色和浅一点的绿色配在一起比较合适。

主色搭配：指选一种起主导作用的基调和主色，相配于各种颜色，造成一种相互陪衬、相映成趣之效。采用这种配色方法，应首先确定整体服饰的基调，其次选择与基调一致的主色，最后再选出多种辅色。主色调搭配如选色不当，容易造成混乱不堪，有损整体形象，因此使用的时候要谨慎。

第二，色彩选择应考虑的因素。在选择服饰色彩的时候，不仅要考虑色彩之间的相配，还要考虑与着装者的年龄、体型、肤色、性格、职业等相配。

年龄。不论年轻人还是年长者都有权利打扮自己。但是在打扮的时候要注意，不同年龄的人有不同的着装要求。

年轻人的穿着可鲜艳、活泼和随意些，这样可以充分体现年轻人朝气蓬勃的青春美；而中老年人的着装则要注意庄重、雅致、含蓄，体现其成熟和端庄，充分表现出成熟之美。但是无论何种年龄段，只要着装与年龄相协调，都可以显示出独特的韵味。

服色与形体。天下人等，高矮胖瘦各得其所，不同的体形着装意识应有所区别。

对于高大的人而言，服色宜选择深色、单色为好，太亮、太淡、太花的色彩都有一种扩张感，使着装者显得更高大。

【思考与练习】

一、单选题

1.（　　）是指物流企业为促进其产品或服务的销售，发生在客户与物流企业之间的相互活动。

A. 物流客户服务　B. 客户服务　C. 服务　D. 物流服务

2. 以下属于交易前要素的是（　　）。

A. 客户服务书面指南　B. 订货周期各项因素

C. 成品的可替代性　D. 客户关系维护

3. 以下属于交易后要素的是（　　）。

A. 客户服务书面指南　B. 订货周期各项因素

C. 成品的可替代性　D. 客户关系维护

4. （　　）的主要目的是方便生产或销售，专业化的物流中心常常与固定的制造商或分销商进行长期合作，为制造商或分销商完成一定的加工作业。

A. 流通加工　B. 装卸搬运　C. 运输　D. 生产

二、多选题

1. 以下属于交易前要素的是（　　）。

A. 客户服务书面指南　B. 告知客户服务指南

C. 客户服务组织结构　D. 系统灵活性

2. 物流客户服务的内容主要有（　　）。

A. 物流运输客户服务　B. 物流保管客户服务

C. 物流配送客户服务　D. 加快反应速度的服务

3. 物流企业客户服务部门的职能包括（　　）。

A. 客户投诉处理　B. 客户的二次开发

C. 大客户支持和管理　D. 客户档案及客户回访、沟通、维护

4. 物流客户服务人员的职业道德包括（　　）

A. 思想品质　B. 服务态度

C. 树立为客户服务的意识　D. 努力钻研业务

5. TPO 为（　　）三个英文单词的缩写。

A. 时间　B. 地点　C. 目的

三、名词解释

1. 客户服务

2. 物流客户服务

四、简答题

1. 如何理解物流客户服务?

2. 物流客户服务的构成要素有哪些?

3. 物流客户服务的内容是什么?

4. 物流客户服务的作用有哪些?

5. 物流客户服务人员的职业修养包括哪些?

五、案例分析

据某报纸报道，武汉有位女士，其居住镇安的女儿、女婿为尽孝心，委托某货运公司托运了苹果和梨各一箱。该女士按原定的到货时间致电货运公司，均称货物尚未运到。事

隔多天后货运公司通知该女士，说水果已经到武汉。该女士前往货运站取货，却发现两箱水果残缺不全，一箱苹果只剩下几个，梨也只剩下 1/3。多方责问下，经理称："水果在运输保管途中因气候原因变质、腐烂，上好的部分让工人吃掉了，所以只剩下这么一点。"当记者问及承运部门是否知道箱内物品的类别，以及不同类型的货物不能混装，这位经理竟然答道："这个我们不管。"

阅读上述资料思考下列问题：

1. 客户服务工作的基本前提是什么？
2. 就运输业务来分析，客户的基本需要是什么？

第二章　物流客户开发与拜访礼仪

☞知识目标

了解客户的定义；
掌握物流客户细分定义及分类；
掌握物流客户拜访的方法；
了解物流客户服务人员拜访礼仪。

☞技能目标

能对物流客户进行细分；
能设计物流客户开发的流程；
能运用各种商务礼仪知识对物流客户进行有效拜访。

【引例】

×××公司——物流客户服务的楷模

×××公司是中国具有领先地位的物流服务供货商，核心业务包括货运代理、快递服务、船务代理；支持性业务包括仓储和码头服务、物流运输、海运。该公司于2003年2月在香港联合交易所成功上市。公司业务经营地区涉足广东、福建、上海、浙江、江苏、湖北、连云港、山东、天津、辽宁等国内发展迅速的沿海地区和其他战略性地区，并拥有一个广泛而全面的服务网络和海外代理网络。针对×××客户服务系统的业务功能需要，该公司规划并建设了物流客户服务中心系统，该系统具备自动语音应答、业务代表人工接听、同步录音和监听、系统管理、信息检索查询、与后台业务系统联机信息处理等功能，提供的业务涵盖×××物流海运、陆运、空运、仓储、联运等各类业务，涉及查询、咨询、投诉、建议和人工受理等。先进高效的信息技术平台，是×××实现其战略目标——成为中国领先的综合物流服务供货商的必备条件。

问题：

（1）×××的新物流客户开发应遵循哪些流程？

（2）×××的物流客服人员应具备哪些拜访技巧与沟通技巧？

第一节　物流客户开发流程

一、寻找物流客户

1. 物流市场细分

(1) 客户的定义。

客户是企业利润的源泉，所有的物流用户都有可能成为物流企业的客户，正确选择物流客户是物流企业必须解决的问题，它关系到物流企业的生存与发展，在物流企业的发展过程中具有重要的作用。

客户的概念有内涵与外延之分。内涵的客户是指企业的供应商、分销商以及下属的不同部门、分公司、办事处、分支机构等。而外延的客户是指市场中广泛存在的、对企业的产品或服务有不同需求的个体或消费群体。

对客户的理解要注意如下三个方面。

①客户不一定是产品或服务的最终接受者。

即处于供应链下游的企业是上游企业的客户，他们可能是批发商、零售商、物流企业，而最终接受者是消费产品或服务的组织和个人。

②客户不一定是用户。

处于供应链下游的批发商、零售商是生产商的客户，但是他们不是用户，因为他们没有直接使用这些产品，也就是说他们没有消费产品或服务。

③客户不一定在公司之外，内部客户日益引起重视。

客户可分为企业内部客户和企业外部客户，通常情况下，人们习惯于为企业外部的客户提供服务，而把企业的上下流程中的工作人员和供应链中的下游企业看作是同事或合作伙伴而淡化了服务意识，造成了服务的内外脱节。

【应用小案例 2-1】

某品种电热毯的推销员王华为了一笔很大的生意，多次去见客户，有时谈到深夜。最后一次，他们谈到很晚，当从客户家的卫生间出来到走廊上时，他忽然听到一个老太婆用低沉的语气说道："说实在的，我不同意。记得他刚来的时候，根本没有把我放在眼里，看到我连声招呼都不打，为什么我就得买他的产品，我活了这么大把年纪，从来就没有用过电热毯，不也一样过来了吗？东西那么贵，我可没钱！"王华听到这话感到很吃惊，猛然醒悟，原来这个他前天来时都未正眼瞧的老太太，却是真正的购买决策者。

他确实是犯了一个很大的错误。王华后悔不已，自己浪费了那么多时间，还得罪了真正的买主。为了挽回这笔交易，他决定送一个电热毯给老太太，因为他从客户的谈话中得知，还有20天就是老太太的大寿，于是便在电热毯上绣了"福如东海，寿比南山"，赠给了这位一辈子都没有用过电热毯也活得好好的老太太。不用说，老太太一定会很高兴的。可对王华来说，他掏钱买人情，一是表达敬老之意，可更重要的是对他自己的惩罚，告诫自己今后再不能这么“有眼不识泰山”了。

问题：故事给你什么启发？

（2）物流市场细分。

①物流市场细分的概念。

物流客户是相对于物流服务提供者而言的，是所有接受产品或服务的组织和个人的统称。

市场细分是一个有力的营销工具，在营销策略中起着关键的作用，市场细分可以准确地定义客户的物流服务需要和需求，帮助决策者更准确地制定营销目标，更好地分配物流资源。物流企业按照一定的分类标准将整个物流服务市场划分成若干个细分的市场以后，再根据自身的条件与外部环境，细分市场的规模和竞争情况以及细分市场客户的服务需求、偏好与特点等各种要素确定出企业主攻的细分市场，并努力去开拓和占领这一细分市场的营销策略。由于在当前和今后一段时间内，中国物流市场的需求在地区和行业上存在着差别，因此物流市场可以根据地区和行业来进行细分，对不同地区和不同行业的市场又可根据产品的时效性要求、企业接受服务价格的能力和客户在供应链中所处的地位等因素进一步划分出市场。

物流市场细分是指根据物流需求者的不同需求和特点，将物流市场分割成若干个不同的小市场的分类过程。通过物流市场细分，物流市场将区分为不同的子市场，每个子市场的物流需求者都有类似的消费需求、消费模式等，而不同子市场的需求者则存在着需求和特点的明显差异。

②物流市场细分的作用。

物流市场细分的作用主要是企业可针对不同的细分市场，采取相应的市场营销战略，使物流企业的产品（服务）更符合各种不同特点的客户需要，从而在各个细分市场上扩大市场占有率，提高产量和服务的竞争能力，通过市场细分对物流企业的生产、营销起着极其重要的作用。

第一，通过市场细分使物流企业能够识别有相似需求的客户群体，分析这些群体的特征和购买行为，有效地提供专业的物流服务。

第二，市场细分可以为物流企业提供信息以帮助他们准确地寻求物流客户，制定符合一个或多个目标市场特征和需求的营销组合。

第三，市场细分与营销的目的一致，都是在实现组织的同时满足客户的需求。

一般说来，市场细分计划形成的市场细分规模必须足够大，以保证发展和维持专门的营销组合，要拥有较多的潜在客户和最大化利用物流资源。

③物流市场细分的分类。

根据物流市场的特点，物流企业可按照客户行业、地理区域、物品属性、客户规模、关联程度、时间长短、服务方式和利润回报等对物流市场进行细分。

客户所属的行业性质：可将物流市场分为农业、制造业、商贸业等。

地理区域：可将物流市场分为区域物流、跨区域物流和国际物流。

物品属性：可将物流市场细分为投资品市场和消费品市场。

客户规模：可将物流市场细分为大客户、中等客户和小客户。

客户价值：可将物流市场细分为关键客户、潜力客户、一般客户。如表 2-1 所示。

表 2-1　**客户价值细分表**

客户层次	比重	利润	目标
一般客户	80%	5%	财务利益
潜力客户	15%	15%	附加价值
关键客户	5%	80%	客户价值和社会利益

第一层次的客户是经济型客户，比较看重价格，消费具有随意性，即谁的价格低，就接受谁的产品或服务，是企业与客户关系的最主要部分，因为他们影响企业的短期效益。

第二层次的客户是潜力客户或者是合作伙伴，他们希望在与企业建立的关系中提高价值，获得附加的财务利益和社会利益，他们是物流活动中企业与客户关系中的核心。

第三层次是关键客户或重要客户。这类客户除了想从企业处获得直接的客户价值外，还希望从企业那里获得社会效益，他们更关心的是商品的质量、价值和服务，是企业比较稳定的客户，虽然人数不多，但是企业最大的利润源。

时间长短：可将顾客细分为长期客户、中期客户和短期客户。

服务方式：可将物流市场分为单一型物流服务方式和综合型物流服务方式。

利润回报：可将物流市场细分为高利润产品（服务）市场和低利润产品（服务）市场。

二、选择物流目标客户

选择物流目标客户是物流客户开发的重点，只有找到恰当的物流客户，明确了他们的需求，才能顺利地进行物流客户开发。选择物流客户的最直接的方法是对最盈利的物流产品市场进行细分并加以比较，若能明白客户选择的原因，并找到类似特征的其他客户群体，那么这些新的客户群体也会成为可能性最大的潜在客户，具体的方法如下。

1. 逐户拜访

逐户拜访是指物流客户服务人员在特定的区域内，挨家挨户地进行访问，以挖掘潜在客户，需找客户线索的方法。

在逐户拜访中，最主要的是收集和整理客户信息。优点是范围广，涉及的客户多，可以借机进行市场调查，了解客户需求倾向。缺点是盲目性强，易遭到客户拒绝，耗费大量的人力和时间，成本较高。

2. 客户介绍

客户介绍就是通过老客户的介绍来寻找新客户的一种方法。这是物流客户服务人员通常采用的且有效的方法。

客户介绍法的优点是信息较准确可靠，可减少客户开发过程中的盲目性，较易获得客户的信任，成功率较高。缺点是事先难以制订完整的客户开发计划，客户服务人员一般处于被动的地位。

3. 市场咨询

市场咨询法是指利用市场信息服务机构所提供的有偿咨询服务来寻找客户的一种方法。市场咨询法的优点是针对性强，但成本较高。

4. 直接邮寄

直接邮寄法是以邮寄的方式来寻找目标客户的方法。对物流客户服务人员来说，直接邮寄是一种行之有效的方法。这种方法覆盖范围较广，涉及客户数量较多，但邮寄费用较高，时间周期较长，一般回复率不高。

5. 电话访问

电话访问法就是利用电话形式进行地毯式访问，以寻找客户的方法。电话访问与一般的地毯式访问相比，具有时间省、效率高、避免遭拒绝的尴尬及覆盖面广的优点，但对物流客户服务人员要求很高。

6. 网上寻找

网上寻找法就是运用网络工具来寻找客户的方法。与传统的寻找客户渠道相比，网上寻找客户具有不受时间和空间的限制、双方互动及时性和成本低廉性等优点，但同时要求物流客户服务人员熟练掌握网络技术。

7. 个人观察

所谓个人观察法，是指推销员根据自己对所接触的个人或组织的直接观察寻找潜在顾客的方法。不同推销员的个人观察能力不同，使用的方法也有所不同。这里所讲的个人观察法，只能作为一种提示，以帮助推销员培养自己的观察能力，以确定适合自己使用的观察法，只要推销员时刻留心，细心观察，就会发现到处都有客户。

个人观察法的优点是：可以使物流客户服务人员直接面对现实，面对市场，排除一些中间干扰；可以使物流客户服务人员扩大视野，跳出原有推销区域，发现新客户，创造新的推销业绩；可以培养物流客户服务人员的观察能力，积累推销经验，提高推销能力。缺点是仅凭物流客户服务人员的直觉、视觉和经验进行观察和判断，易受物流客户服务人员个人素质和能力的影响；由于事先完全不了解客户对象，失败率比较高。

8. 会议寻找法

会议寻找法是指到目标客户出席的各种会议中，如订货会、交易会、展览会等，捕捉机会与目标客户建立联系，从中寻找开发客户机会的方法。

9. 俱乐部寻找

物以类聚，人以群分，每个人都有自己的小圈子和自己特定的活动场所，因此，如果能够进入目标客户的社交圈子，对其的开发工作胜算也就大了一些。

三、拜访物流目标客户

1. 拜访物流目标客户准备工作

拜访客户前，务必要做好前期的准备工作。充分了解并掌握客户基本情况，以及本公司物流项目计划、价格优惠政策等，从而更好地达到本次拜访的目的。

（1）明确拜访目的。

拜访前，一定要明确拜访客户的姓名、职务、年龄、个人喜好、工作生活习惯以及客户单位的经营规模等问题，并有针对性地制定谈话策略和方向。

(2) 做好访前计划。

要明白此次拜访的目的是完成销售任务还是加强与客户之间的感情联系。如果是为了完成销售任务，则要做足功课，对于客户提出的每一个问题，都能及时、准确地给予回复。如果是为了加强与客户之间的感情联系，则要了解客户相关情况并构思谈话内容。

(3) 确定拜访时间。

寻找一个合适的时间去拜访客户十分重要，但也往往被人所忽视。拜访前需要了解客户单位的作息时间，以及业务量较为集中的时间段。

(4) 备齐相关资料。

“推销工具利如剑。”因此在拜访客户前，要备齐所有的材料，特别是初次拜访的客户，如企业宣传画册、多媒体演示光盘、报价单等。

(5) 熟记相关数据。

对于本公司相关重点数据要牢牢掌握，做到一口清，随时应对客户的提问，否则会使客户怀疑自己的专业性。

(6) 应急预案。

因为客户需求差异等多种不稳定因素的影响，会使原定的计划受到较大的冲击，因此要事先考虑到拜访中遇到的困难和问题，完善应急预案，做好后备计划，这样才能增强自信心，减少与客户之间的沟通障碍，加强客户对自己的印象等。

【应用小案例 2-2】

客户无小事

有一家物流公司费了九牛二虎之力才谈成了一笔大生意，临到签订合同这天，恰巧总经理家中有急事，公司临时指派了一位物流客服人员王某顶替参加合同签字仪式。王某听说对方公司总经理姓“zhang”，于是在座位牌上就写了个“张总”。结果等到签合同时，对方说合同有点小问题，还要审查一下，等以后再择日签订吧。王某感到有点儿丈二和尚摸不着头脑，事后向总经理汇报。总经理勃然大怒，原来对方公司总经理姓“章”而不是姓“张”。

问题：请你谈谈以后如何防止类似的事情发生？

2. 通过电话、信函等渠道取得联系

确定目标客户后，可以通过电话、信函等方法，与客户取得联系。切记不可在未与客户取得联系的情况下登门拜访，以免引起客户反感。

3. 确认拜访时间及地点

在与目标客户取得联系的前提下，进一步确认拜访客户的时间、地点，以便做好准备工作，准时赴约。

4. 做好开场白

与目标客户初次见面，开场白至关重要。一个好的开场白可以给沟通双方创造一个友好轻松的谈话氛围，解除目标客户的戒备心并获得客户信任，为进一步沟通奠定基础。

【应用小案例 2-3】

“喂，×小姐/先生吗？我是××物流的×××，我们公司的专长是提供专业的物流服务，今天打电话过来的原因是我们的专业物流已经替许多厂家省下许多物流成本及附加损失，同时我司最近推出发货优惠大行动，有数码相机等精美礼品赠送。为了能进一步了解我们是否能替贵公司节省物流成本及附加损失，你看什么时候有时间能让我为你解说一下关于物流方案的问题。你看星期几合适呢？”

问题：这样的开场白是否合理？

5. 介绍公司基本情况

用较为简洁的语言向客户介绍本公司的文化、背景、行业实力等情况，让客户对企业情况有基本了解。

四、处理物流客户异议

经过双方信息交流和反馈后，对于部分合作持有异议或需要重新修订的，要与客户达成一致，待方案或合同修改完成后迅速确认。

五、与物流客户达成交易

经过双方信息交流和反馈后，要及时确定制作合作计划及详细内容。建立客户档案资料卡，只有全面掌握客户资料，才更有利于物流企业开展针对性的服务。

六、跟踪回访物流客户

跟踪回访的目的主要是为了进一步加强与客户之间的业务联系和沟通，解决疑难问题，从而完成双方的既定职责。初次拜访后，如果客户表示对合作内容感兴趣，或对部分内容存在异议，比如价格，针对这种情况，就要收集同行资料，从自己的产品成本出发，详细地给客户进行分析，以取得客户谅解。

如果短期内客户还难以和企业达成合作，则要加强感情联络，与客户交朋友，用感情来拉近与客户的关系。

第二节　物流客户拜访礼仪

一、电话拜访礼仪

1. 电话基本礼仪

（1）面带微笑，声音清晰柔和。

笑是可以通过声音来传达的，拿起电话，应该面带微笑。要像对方就在自己面前一样，带着微笑通电话。

通话时，声音应当清晰悦耳、温和有礼、吐字清晰、语速适中、语气亲切自然。讲话声音不宜太大，让对方听清楚即可。

（2）通话过程中，应该保持端正的姿势，或站或坐，都要保持身体挺直，不要东倒西歪，弯腰驼背。打电话过程中不能吸烟、喝茶、吃零食，也不要对着电话打哈欠。话筒与嘴的距离保持在5cm~10cm左右。

通话结束后，应轻放话筒，不要用力摔。

（3）正确自我介绍。

接通电话后，通话者首先向对方正确介绍自己，即“自报家门”。电话中自我介绍在私人电话中，报本人的姓名。在公务电话中，报本人所在的单位、部门、姓名和职务。

（4）尊者先挂电话。

在结束电话交谈时，一般应当由打电话的一方提出，然后彼此客气地道别，说一声“再见”，再挂电话，不可只管自己讲完就挂电话。交际礼仪的规则是地位高者先挂。

①上班，无论上司的性别、年龄，上级先挂。

②单位与单位，无论官大官小，上级单位先挂。

③在商务交往中，客户是上帝，无论投诉，还是咨询，客户先挂。

④如果自己有重要的事情，不宜继续通话，应该说明原因，并告诉对方“有空时，我马上打电话给您”。

（5）尊重别人隐私。

当别人打电话或接电话时，要做到不偷听。当帮别人接听电话时，要做到不传播，也不可当着众人的面，大声转述电话的内容。

2. 打电话的礼仪

打电话的基本礼仪有：事前准备、时间适度、体谅对方、内容简练和表现文明5个方面。具体如下所述。

（1）做好打电话前的准备。

为了使通话简洁顺畅，打电话前，应首先做好通话内容的准备。如把要找的人名、职务及要谈的主要内容进行简单归纳，写在纸上。这样就可以做到通话时层次分明、条理清晰，不至于通话时丢三落四、语无伦次，让对方不得要领。

（2）时间适度。

通话时间包括打电话的适宜时间和通话的时间长度。

①通话适宜时间。

打电话时，应以客为主，让客户产生宾至如归的亲切感觉，那么就应该注意在恰当的时间段内打电话。通常，早上10：00~11：30、下午2：00~4：00是所有公司的黄金时段，打电话的时段应该选择在这些最有绩效的时段。

除有要事必须立即通知外，不要在他人休息时间打电话，比如上午7点之前，晚上10点之后以及一日三餐的吃饭时间、节假日等。因紧急事宜打电话到别人家里时，通话之初先要为此说声“对不起”，并说明理由。

②通话长度。

基本要求：以短为佳，在电话礼仪中，有一条“三分钟原则”，即发话人要自觉地、有意识地将每次通话的时间长度，限定在3分钟以内。

（3）体谅对方。

在开始通话时，先问一下对方，现在通话是否方便。倘若对方不方便，可约另外的时间。若通话时间较长，也要先征求对方意见，并在结束时表示歉意。在对方节假日、用餐、睡觉时，万不得已打电话影响了别人，不仅要将清楚原因，还要说声“对不起”。

（4）内容简练。

事先准备。不要现说现想、缺少条理、丢三落四。

简明扼要。问候完毕，即应开宗明义，直言主题，少讲空话，不说废话，不没话找话，不吞吞吐吐。

适可而止。话说完了，要及时终止通话。打电话人不放电话，听电话人一般不能挂电话。

（5）表现文明。

表现文明主要体现在语言文明、态度文明和举止文明3个方面。

①语言文明。

打电话坚持用“您好”开头，“请”字在中，“谢谢”收尾，通话结束时要使用“再见”，要是少了这些礼貌用语，就会使终止电话显得有些突如其来，并让自己的待人之礼有始无终。

②态度文明。

对于受话人，不要态度粗暴无礼，也不要阿谀奉承。通话时，电话忽然中断，依礼需由发话人立即再拨，并说明原因，不要一了了之，或等受话人一方打来电话。若拨错电话，应表示歉意，不要一言不发，挂断了事。

③举止文明。

当众拨打电话时，不要在通话时把话筒夹在脖子上，或是趴着、仰着、坐在桌子上与人通话。拨号时，不要以笔代手，边打边吃。挂电话时要轻放。

二、上门拜访礼仪

所有的拜访客户中，上门拜访是最重要也是最有效的，也是给沟通双方留下深刻印象的关键环节。

1. 先约后访

不论因公还是因私而访，都要事前与被访者进行电话联系。询问被访者是否在单位（家），是否有时间或何时有时间。电话中要提出访问的内容，使对方有所准备，在对方同意的情况下定下具体的时间、地点。注意避开吃饭和休息的时间。

2. 准时赴约

万一因故不能准时抵达，务必要及时通知对方，必要的话，还可将拜访另行改期。在这种情况下，一定要向对方道歉。

如果接待者因故不能马上接待，可以在接待人员的安排下在会客厅、会议室或在前台安静地等候。如果接待人员没有说“请随便参观参观”之类的话，而随便地东张西望，甚至伸着脖子好奇地往房间里“窥探”，都是非常失礼的。

3. 先声后入

讲究敲门的艺术。力度适中、间隔有序敲三下，等待回音，如无应声，可再稍加力度，再敲三下。

4. 先招呼后就座

注意言行举止。

谈话办事清楚明白。

掌握时间，适时告辞。

拜访他人时，要注意在对方的办公室或私人居所里进行停留的时间长度，不要因为自己停留的时间过长，从而打乱对方的既定的其他日程。在一般情况下，礼节性的拜访，尤其是初次登门拜访，应控制在一刻钟至半小时之内。最长的拜访，通常也不宜超过两个小时。

三、握手礼仪

相传在刀耕火种的年代，人们经常持有石头或棍棒等武器，陌生人相遇，双方为了表示没有敌意，都放下手中的武器，伸出手掌，让对方抚摸手掌心。久而久之，这种习惯便逐渐演变为了今日的握手礼节。当今，握手已成为世界上最为普遍的一种礼节，其应用的范围远远超过了鞠躬、拥抱、接吻等。在日常交往中，我们必须注意握手的基本礼节。

1. 握手的次序

在正式场合中，握手时伸手的先后次序主要取决于职位、身份。在社交、休闲场合，则主要取决于年纪、性别、婚否。根据礼仪规范，握手时双方伸手的先后次序，一般应当遵守“尊者先伸手”的原则，应由尊者首先伸出手来，位卑者只能在此予以响应，而决不可贸然抢先伸手，不然就是违反礼仪的举动。其基本规则如下。

（1）职位、身份高者与职位、身份低者握手，应由职位、身份高者首先伸出手来。

（2）男女之间。

男女之间握手，男士要等女士先伸出手后才握手。如果女士不伸手或无握手之意，男士向对方点头致意或微微鞠躬致意。男女初次见面，女方可以不和男士握手，只是点头致意即可。男女握手时，男士要脱帽和脱右手手套，如果偶遇匆匆忙忙来不及脱，要致歉。女士除非对长辈，一般可不必脱手套。

（3）宾客之间。

宾客之间握手，主人有向客人伸出手的义务。在宴会、宾馆或机场接待宾客，当客人抵达时，不论对方是男士还是女士，女主人都应该主动先伸出手。如果主人是男士，尽管对方是女宾，也可先伸出手，以表示对客人的热情欢迎。而在客人告辞时，则应由客人首先伸出手来与主人相握，在此表示的是“再见”之意。

（4）长幼之间。

长幼之间握手，年幼的一般要等年长的先伸手。和长辈及年长的人握手，不论男女，都要起立趋前握手，并要脱下手套，以示尊敬。

（5）上下级之间。

上下级之间握手，下级要等上级先伸出手。但涉及主宾关系时，可不考虑上下级关系，做主人的应先出手。

（6）一个人与多人。

若是一个人需要与多人握手，则握手时亦应讲究先后次序，由尊而卑，即先年长者后年幼者，先长辈后晚辈，先老师后学生，先女士后男士，先已婚者后未婚者，先上级后下级，先职位、身份高者后职位、身份低者。

另外，已婚者与未婚者握手，应由已婚者先伸出手来。社交场合的先至者与后来者握手，应由先至者首先伸出手来。

2. 握手的时机

（1）遇到久未谋面的熟人时。

（2）在比较正式的场合与相识之人道别时。

（3）自己作为东道主迎送客人时。

（4）向客户辞行时。

（5）被介绍给不相识者时。

（6）在外面偶遇同事、朋友、客户或上司时。

（7）感谢他人的支持、鼓励或帮助时。

（8）向他人或他人想向自己表示恭喜、祝贺时。

（9）应邀参与社交活动见东道主时。

（10）对他人表示理解、支持、肯定时，要握手，以示真心实意。

（11）在他人遭遇挫折或不幸而表示慰问、支持时。

（12）向他人或他人向自己赠送礼品或颁发奖品时。

3. 握手姿态

（1）男士握位。

整个手掌，如图 2-1 所示。

（2）女士握位。

食指位，如图 2-2 所示。

图 2-1　男士握位

图 2-2　女士握位

（3）男女握位。

男士：握手应握女士的手指部位（或手掌三分之一处），或轻轻贴一下，如图 2-3 所示。

图 2-3　男女握位

4. 握手的方式

握手的标准方式，是行礼时行至距握手对象约 1 米处，双腿立正，上身略向前倾，伸出右手，四指平拢，拇指张开与对方相握。握手时应用力适度，上下稍许晃动三四次，随后松开手来，恢复原状。具体地应注意如下几点。

（1）神态。

与人握手时神态应专注、热情、友好、自然。在通常情况下，与人握手时，应面含微笑，目视对方双眼，并且口道问候。在握手时切勿显得自己三心二意，敷衍了事，漫不经心，傲慢冷淡。如果在此时迟迟不握他人早已伸出的手，或者一边握手，一边东张西望，目中无人，甚至忙于跟其他人打招呼，都是极不应该的。

（2）力度。

握手时用力应适度，不轻不重，恰到好处。如果手指轻轻一碰，刚刚触及就离开，或是懒懒地、慢慢地相握，缺少应有的力度，会给人勉强应付、不得已而为之的感觉。

一般来说，手握得紧是表示热情，男性之间可以握得较紧，甚至另一只手也加上，包括对方的手大幅度上下摆动，或者在手相握时，左手又握住对方胳膊肘、小臂甚至肩膀。但是注意既不能握得太使劲，使人感到疼痛，也不能显得过于柔弱，不像个男子汉。对女性或陌生人，轻握是很不礼貌的，尤其是男性与女性握手时应热情、大方、用力适度。

（3）时间。

通常是握紧后打过招呼即松开。握手的时间通常是 3～5 秒钟。匆匆握一下就松手，是在敷衍；长久地握着不放，又未免让人尴尬。但如亲密朋友意外相遇、敬慕已久而初次见面、至爱亲朋依依惜别、衷心感谢难以表达等场合，握手时间就可以长一点，甚至紧握不放，语语不休。在公共场合，如列队迎接外宾，握手的时间一般较短。握手的时间应根据与对方的亲密度程度而定。

5. 握手的禁忌

在人际交往中，握手虽然司空见惯，看似寻常，但是由于它可被用来传递多种信息，因此在行握手时应努力做到合乎规范，并且避免违反下述的禁忌。

（1）不要在握手时争先恐后，而应当遵守秩序，依次而行。特别要记住，与基督教信徒交往时，要避免两人握手时与另外两人相握的手形成交叉状，这种形状类似十字架，在基督教信徒眼中是很不吉利的。

（2）不要戴着手套握手，在社交场合女士的晚礼服手套除外。

（3）不要在握手时戴着墨镜，只有患有眼疾或眼部有缺陷者才能例外。

（4）不要在握手时将另外一只手插在衣袋里。

（5）不要在握手时另外一只手依旧拿香烟报刊、公交包、行李等东西而不肯放下。

（6）不要在握手时面无表情，不置一词，好似根本无视对方的存在，而是纯粹为了应付。

（7）不要在握手时长篇大论，点头哈腰，滥用热情，显得过分客套，让对方不自在，不舒服。

（8）不要在握手时把对方的手拉过来、推过去，或者上下左右抖个没完。

（9）不要在与人握手之后，立即擦拭自己的手掌，好像与对方握一下手就会使自己受到感染似的。

【应用小案例 2-4】

（1）夏天，天气很热，光线很强，服务人员小王戴着墨镜出门迎接客户陈先生，并主动趋身向前与陈先生握手。

小组讨论：小王和王先生握手的时候有何不妥之处，应如何处理？

（2）小张是刚到某物流公司工作的业务员，这天在公司内遇到了公司的总经理。小张立即跑过去，向总经理问好，并伸出双手，去握住总经理的手，却看见总经理微蹙眉头，面露不悦之色。小张很纳闷，不知自己哪里做错了。

小组讨论：小张和领导握手时候有何不妥之处，应如何处理？

（3）在某物流公司年会上，被分派到不同分店上班的王强、张波、李文、李璐云（女）在阔别多年后相遇了，他们四人高兴地相互交叉握手，久久不放，热烈交谈。

小组讨论：4 位年轻人的这种握手方式是否妥当，应当如何握手？

6. 握手的技巧

在商务场合，握手应注意掌握如下技巧。

（1）主动与每个人握手。

在商务场合，如谈判开始之前，双方都要互相介绍认识一下。这时候，你最好表现得积极、主动一些，表示你很高兴与他们认识。为了表示你的这种善意，你可以主动地与他们每一个人握手，因为你主动就说明你对对方尊重，只有在你尊重别人时，才会受到别人的尊重。

（2）有话想让对方出来讲，握手时不要松开。

有时你想找对方谈一些事，不巧的是里边还有其他人在，你想与对方单独谈，耐心等了很久以后仍没有机会，那你只好想办法让对方出来说了。但你不能明白告诉对方“我有点事，咱们到外边说”，这显然是不礼貌的。你得想办法让对方起身相送。在你起身告辞时，对方站起来，你就边与对方交谈，边往外走。如果对方无意起身，你就走近他，很礼貌地与他握手，出于礼貌对方会站起身走出自己的座位，然后你边说边往外走，千万不能断了话。因为当你还有话要说时，对方是很不好意思不送你的。说话时，眼睛也要看着对方，不要只顾走。走到门口对方要与你告辞，你主动伸手与他握手，握手以后不要马上松开，要多握一会，并告诉对方：“你看我还有件事……”你说得缓慢些，对方也就意识到了，他也就主动走出来了。

（3）握手时赞扬对方。

握手时的寒暄是非常重要的，在你与对方握手的时候，可以对对方表示一下关心和问候，或赞扬对方两句。

握手时双方的距离很近，对方的衣着服饰可以尽收眼底，如果你用心观察，肯定会有某一方面值得你赞扬。而每个人又都有自己特别注重修饰的地方，有人特别爱惜自己的发式，每天修理头发，使自己容光焕发；有的穿了一件新西装，质地优良、做工讲究；有的穿一件衬衣，色彩和谐明快，使人显得年轻漂亮。见面握手时不能对这些地方熟视无睹，要加以赞美。双方会因此而显得亲近，你则显得格外大方、热情、细心，因而会给人留下一个好印象。

四、名片礼仪

名片是人们交往中一种必不可少的联络工具，已成为具有一定社会性、广泛性，便于携带、使用、保存和查阅的信息载体之一。在各种场合与他人进行交往应酬时，都离不开名片的使用。名片的使用是否正确，已成为影响人际交往成功与否的一个因素。

1. 名片的用途

（1）自我介绍。名片使用具有进行自我介绍和保持联络的作用。

（2）替代便函。在名片上写上简短的几句话，可以用来表示对友人的祝贺、感谢、介绍、辞行、慰问、馈赠以及吊唁等多种礼仪。

（3）介绍别人。如一位总经理想把公司新来的营销部经理介绍给自己的朋友，可在自己的名片的左上角用铅笔写上 P. P.（Pour Presentation，介绍），然后把营销经理的名片附在后面一并送去。

（4）业务介绍和宣传。一般名片上写有公司名称及相关业务，在进行商务往来时，名片公司的招牌，具有类似广告宣传单作用，可使对方了解你所从事的业务。

（5）通知变更。一旦调任、迁居或更换电话号码，送给至亲好友一张注明上述变动的名片，相当于及时而又礼貌地打了招呼。

（6）用于拜会或留言。拜访客户或友人时，若对方不在家，拜访者可在名片上写上“很遗憾，未能相见”等，既表示留言，也是很友善的表示。

（7）用作礼单。向友人寄送或托运礼物鲜花时，可在礼品或花束上附上名片并写上祝贺短语。自己收到友人的礼品，应立即回复一张名片，左角下面用铅笔写上 p. r.（pour remerciement，谨谢），以表示感谢。

（8）代替请柬。在非正式邀请中，可用名片代替请柬，并写明时间、地点和内容。

2. 名片的分类

根据名片用途、内容及使用场合的不同，日常生活中所用的名片可分为以下 4 类。

（1）应酬式名片。

应酬式名片，主要适合在社交场合应付泛泛之交，拜会他人时说明身份，馈赠时替代礼单，以及用作便条或短信。

（2）社交式名片。

社交式名片，特指主要适用于社交场合，用作自我介绍与保持联络之间的个人名片。其内容有二：一是个人姓名，应以大号字体印于名片中央；二是联络方式，应以较小字体印于名片右下方。

（3）公务式名片。

公务式名片，指的是在政务、商务、学术、服务等正式的业务保持联络人中用的个人名片。它是目前最为常见的一种个人名片。标准的公务式名片应由归属单位、本人称呼、联络方式等三项内容构成。

如有必要，可在名片的另一面印上本单位的经营范围或所在方位图。

（4）单位式名片。

因其多为公司企业所用，故又称企业名片。它主要用于单位对外宣传、推广活动。它的内容分为两项：一是单位的全称及其标识；二是单位的联络方式。后者由单位地址、邮政编码、单位电话号码或公关部电话号码构成。

3. 名片的制作

（1）规格：9cm×5. 5cm（最通用），10cm×6cm（外境人士），8cm×4. 5cm（女士专用）。

（2）质料：纸张（白卡纸、再生纸、合成纸、布纹纸、麻点纸、香片纸）。

（3）色彩：单色（白色、米色、浅蓝色、淡黄色、浅灰色）。

（4）图案：纸张纹路；企业标志、蓝图、方位、主导产品等。

（5）文字：中文简体字。

（6）字体：印刷体。

（7）印法：铅印或胶印。

（8）版式：横式或竖式，以横式为佳。

4. 名片的递接

（1）发送名片的时机。

①希望与对方认识时，尤其是初次见面，相互介绍之后就可递上名片。

②当被介绍给对方时。

③初次登门拜访对方时。

④当对方希望与自己交换名片时。

⑤当自己的信息有变更，需告知对方向自己索要名片时。

⑥当对方主动向自己索要名片时。

⑦当需要知晓对方的准确情况，想要获得对方的名片时。

⑧好朋友很久未见面，可以在告别时相互交换名片。

（2）发送名片的礼节。

①首先要把自己的名片准备好，整齐地放在名片夹、盒或口袋中。

②出示名片的顺序：地位低的人先向地位高的人递名片；男性先向女性递名片；当对方不止一人时，应先将名片递给职务较高或年龄较大者，或者由近至远，依次进行。

③向对方递送名片时，应面带微笑，稍欠身，注视对方，将名片正对着对方，用双手的拇指和食指分别持握名片上端的两角送给对方。如图 2-4 所示。如果是坐着的，应当起立或欠身递送，并说些客气话。

（3）接受名片的礼节。

①他人递名片给自己时，应起身站立，面带微笑，目视对方。

②接受名片时，双手捧接，或以右手接过，如图 2-5 所示。

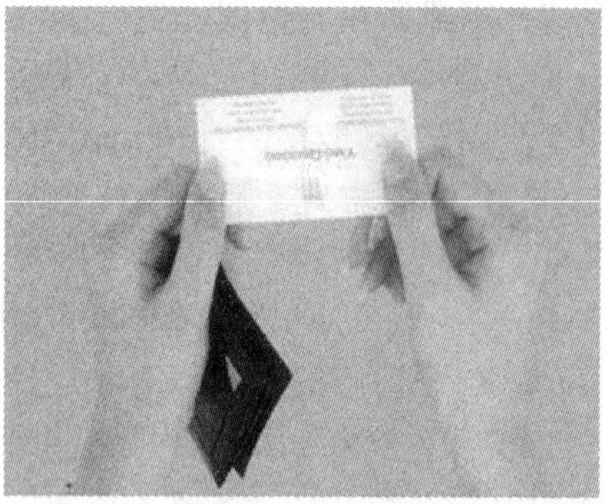

图 2-4　递送名片

图 2-5　接受名片

③拿到对方名片时，应仔细地看一遍，特别是碰到生字、难字时一定要请教对方，以免出错。同时也确定一下对方的头衔。

④收了对方的名片后，若是站着说话，应该将名片拿在齐胸的高处；若是坐着，就放在视线所及之处。

⑤在交谈时，不可折皱，玩弄对方的名片。

⑥与对方分别时不可将对方名片任意丢弃在桌上。

（4）递接名片的注意事项。

①不要用左手递交名片。

②不要将名片背面对着对方或是颠倒面对着对方。

③不要将名片举得高于胸部。

④不要用手指夹着名片给别人。

⑤不要将自己的名片像发牌一样扔发给每个人。

⑥不要混淆自己的名片和他人的名片，要分开装。

⑦不要在对方的名片上压放任何物品，也不可在离去时忘了拿对方的名片。

⑧不要将名片放在后裤带或裙兜里。

（5）索要名片的礼仪。

①向对方提议交换名片。

②主动递上本人名片。

③委婉地索要名片。

向长辈索取名片，可以这样说："今后如何向您老请教？"

向平辈或晚辈索要名片时，可以这样说："以后怎样与您联系？"

当他人索取名片，而自己又不想给对方时，应用委婉的方法表达此意，可以说"对不起，我忘了带名片"或者"抱歉，我的名片用完了"。若本人没有名片，又不可以说明时，可以采用这种方法表述。最常用的有以下几种方法。

激将法。"尊敬的威廉斯董事长，很高兴认识你，不知道能不能有幸跟您交换一下名片？"这话跟他说清楚了，不知道能不能有幸跟你交换一下名片，他不想给你也得给你，如果对方还是不给，那么可以采取再下一种方法。

联络法。"史玛尔小姐，我认识你非常高兴，以后到德国还希望能够见到你，不知道以后怎么跟你联络比较方便？"她一般会给，如果她不给，意思就是她会主动跟你联系，其深层含义就是这辈子不跟你联系。

（6）存放名片礼仪。

名片这样有用，但是你是否对收到的名片进行了有效的管理？你是不是有过这种情况：参加一次人际活动之后，名片收到了一大把，你往家里或办公室里随手一放。可是有一天，你急于寻找一位曾经结识的朋友帮忙，却东找西翻，就是找不到他留给你的名片和联系方式。

因此，对名片的管理十分必要。首先，当你和他人在不同场合交换名片时，务必详尽记录与对方会面的人、事、时、地、物。交际活动结束后，应回忆复习一下刚刚认识的重要人物，记住他的姓名、企业、职务、行业等。第二天或过个两三天，主动打个电话或发个电邮，向对方表示结识的高兴，或者适当地赞美对方的某个方面，或者回忆你们愉快的聚会细节，让对方加深对你的印象和了解。其次，对名片进行分类管理。你可以按地域分类，如按省份、城市；也可以按行业分类；还可以按人脉资源的性质分类，如：同学、客户、专家等。然后，养成经常翻看名片的习惯，工作的间隙，翻一下你的名片档案，给对方打个问候的电话，发一个祝福的短信等，让对方感觉到你的存在和对他的关心与尊重。最后，定期对名片进行清理。将你手边上所有的名片与相关资源数据做一次全面性整理，依照关联性、重要性、长期互动与使用几率、数据的完整性等因数，将它们分成三堆：第一堆是一定要长期保留的；第二堆是不确定，可以暂时保留的；第三堆是确定不要的，当确定不要时可以销毁。

存放名片礼仪主要有以下几点。

①名片的放置。

第一，在参加商务活动时，要随身准备名片。名片要经过精心的设计，能够形象地表现自己身份、品位和公司形象。

第二，随身所带的名片，最好放在专用的名片包、名片夹里，公文包以及办公桌抽屉里，也应经常备有名片，以便随时使用。

第三，接过他人的名片看过之后，应将其精心存放在自己的名片包、名片夹或上衣口袋内。

②名片的管理。

把所收到的名片加以分类整理收藏，以便今后使用方便，不要将其随意夹在书刊、文件中，更不能把它随便地扔在抽屉里。

存放名片要讲究方式方法，做到有条不紊。推荐的方法有：按姓名拼音字母分类；按姓名笔画分类；按部门、专业分类；按国别、地区分类；输入商务通、电脑等电子设备中，使用其内置的分类方法。

【应用小案例 2-5】

张女士与孙先生相遇了，由于孙先生工作有所变动，孙先生主动递出了自己的名片，张女士也打开自己的手提包，准备拿出自己的名片与之交换。可是一摸，首先摸出了一张健身卡，再一摸是一张名片，高兴地递给了孙先生，孙先生低头一看，是别人的名片，张女士尴尬地笑着，继续在包里找名片……

问题：本例中张女士为何出现这种尴尬的情况？应如何避免？

【思考与练习】

一、单选题

1. （　　）属于按客户价值分类。

A. 大客户　　B. 中客户　　C. 小客户　　D. 关键客户

2. （　　）优点是范围广，涉及的客户多，可以借机进行市场调查，了解客户需求倾向。

A. 逐户拜访　　B. 客户介绍　　C. 市场咨询　　D. 直接邮寄

3. 拜访物流目标客户的第一步是（　　）。

A. 明确拜访目的　　B. 取得联系

C. 确认拜访时间及地点　　D. 做好开场白

4. 若是一个人需要与多人握手，则握手时亦应讲究（　　）。

A. 先后次序　　B. 先学生后老师

C. 先男士后女士　　D. 先未婚者后已婚者

二、多选题

1. 选择物流目标客户的方法有（　　）。

A. 逐户拜访　　B. 客户介绍　　C. 个人观察　　D. 直接邮寄

2. 拜访物流目标客户准备工作有（　　）

A. 明确拜访目的　　B. 做好访前计划　　C. 确定拜访时间　　D. 备齐相关资料

3. 打电话礼仪中要表现文明，具体有（　　）

A. 语言文明　　B. 态度文明　　C. 举止文明

4. 名片的分类有（　　）。

A. 应酬式名片　　B. 社交式名片　　C. 公务式名片　　D. 单位式名片

三、名词解释

1. 市场细分

2. 物流市场细分

四、简答题

1. 简述物流市场细分的定义。

2. 简述物流市场细分的种类。

3. 简述拜访物流目标客户的流程。

4. 简述电话拜访礼仪。

五、案例分析

金勇是一位刚大学毕业分配到利华公司的新业务员，今天准备去拜访某公司的王经理。由于事前没有王经理的电话，所以金勇没有进行预约就直接去了王经理的公司。金勇刚进利华公司还没有公司制服，所以他选择了休闲运动打扮。到达王经理办公室时，刚好王经理正在接电话，就示意让他在沙发上坐下等待。

金勇便往沙发上一靠，跷起二郎腿，一边吸烟一边悠闲地环视着王经理的办公室。在等待的时间里不时地看表，不时地从沙发上站起来在办公室里走来走去，还随手翻了一下放在茶几上的一些资料。

请问金勇在这次拜访中成功的几率高吗？如果不高，请你指出他失礼的地方？

如果你是公司职员小孙，今天要去公司部门主管周经理家做客。请你模拟小孙此次拜访应该讲究的礼仪规范。

要求：

分组由学生试演里面的角色，抽准备较好的小组上台表演。表演结束后由全班同学进行讨论，最后得出最佳的结论。

第三章　物流客户接待礼仪

☞知识目标

掌握行进中的位次礼仪；
掌握公众场合最基本的礼仪规范；
掌握谈判位次礼仪；
掌握会场座次礼仪。

☞技能目标

能运用各种礼仪知识进行物流客户接待工作；
能在物流客户接待时礼貌地介绍企业情况，满足客户的需求。

【引例】

德邦物流湖州分公司正在召开一个重要的会议，公司的重要合作伙伴北京双利达物流公司总经理要来参观公司，会议决定由分公司王经理来接待。如果你是这位王经理，你准备怎么接待？请制定接待流程。

第一节　物流客户接待流程

一、物流客户接待内容的确定

物流客户接待是物流企业将自己展现给客户的第一次机会，也是最重要的机会，一个好的客户接待可以给予公司客户或潜在客户一个好的印象，增加客户对公司的好感度和信任度，为公司争取更大、更长远的经济利益。物流客户接待流程就是当物流客户来电、来访、来函以及受邀参加活动时，物流公司的工作人员抱着尊重客户、服务客户的原则来接待客户，为客户解决问题，加深客户与公司之间的了解，以达到与客户形成长期稳定合作的目的而制定的规范的接待项目及顺序。不同的接待活动有不同的接待流程，一般分为日常接待流程和活动、会议接待流程。下面就重点讲一下日常物流客户接待流程的相关内容。

1. 日常物流客户接待流程的含义及作用

日常物流客户接待流程是指在物流公司正常营业的情况下，客户自由来访时物流客户服务人员对客户进行接待服务的规范准则。日常物流客户接待流程的制定及使用将会规范客户日常接待管理工作，提高公司接待水平，加大客户满意度。它适用于客户服务人员日常接待来访客户的情况。

2. 日常物流客户接待的原则

（1）平等原则。

对来访的物流客户无论职务高低，都要平等对待。一般情况下，客户级别与接待规格相等，特殊情况高规格对待。

（2）周到原则。

接待程度应衔接周密，接待方式完善，以礼相待，使客人感觉热情、周到。

（3）注重效率。

力求在较短时间内能够解决客户提出的问题。

（4）节约原则。

接待客户时倡导节约，反对铺张浪费。

（5）保密原则。

向客户介绍情况时，应注意遵守公司规定，重要谈话内容要有记录，巧妙回答客户的提问。同时也要对客户的相关资料进行保密，不得泄露客户相关隐私。

3. 物流客户接待流程的内容

不同的接待活动有不同的接待流程，一般分为日常接待流程和活动、会议接待流程。物流客户接待流程的内容、步骤如下。

（1）确定接待事宜，包括要接待的客户的身份、职位、年龄、数量以及到达时间等。

（2）提出接待申请，包括向公司有关部门申请接待客户所需的车辆、食宿安排、参观要求等。

（3）制定接待计划。在提出相关的申请审批后根据所申请到的物资安排接待计划，包括车的数量、陪同人员的安排、会议召开等内容。

（4）实施接待计划。根据计划实施接待，遵守公司接待的相关规定，做好客户接待记录及客户资料的完善。也适用于日常客户来访接待，主要内容包括确认来访客户的相关信息、客户来访的目的等，根据客户的不同等级、要求安排相关工作人员出面接待，以满足客户的需求。

（5）赠送礼品，欢送客户。在日常的客户接待中，礼品可酌情安排。

（6）接待结束，报销接待费用。

（7）做接待工作总结，包括工作总结、客户接待记录表、会议记录以及接待单价复印等。

二、物流客户接待流程的重要性

客户接待的内容包括从接触客户到欢送客户的整个过程，一个公司有完善的接待流程，可对客户接待形成规范和标准。

1. 使客户接待规范化

客户接待的过程中，因客户性格和需求不同，接待所涉及的内容也会不尽相同，客户流程的制定可以使所有的接待人员在遇到任何情况时都知道将如何进行下一步，能为客户解决问题时马上解决，不能解决时可以快速地将问题转移到相关部门，可尽量避免出现混乱或不知所措，让客户做无谓的等待的情况。

2. 使客户接待标准化

由于每个物流客户的个性和要求不同以及公司企业合作的时间和数量不同，导致在接待这些客户时的标准也不一样。一个物流企业可以根据与客户合作的时间长短及数量来决定客户的等级，一般分为重要客户、核心客户和一般客户。不同客户的接待有不同的标准。

规范物流企业接待流程，可以提升物流企业形象，维护客户关系，提高客户满意度。

【应用小案例 3-1】

风速物流公司为了规范日常物流客户的接待，需要制定一份公司的日常物流客户接待流程。公司领导把这个任务交给了刚大学毕业的小张来完成。

问题：小张应该怎样来完成公司领导交给他的制定公司的日常物流客户接待流程？

三、物流客户来访、来函的处理

1. 物流客户来电的处理

在物流公司业务人员和顾客进行日常业务往来过程中，客户很可能提到要来公司进行访问考察，同时，公司也会在适当的时候邀请客户来公司考察访问，以加深双方的了解和沟通，促进双方合作的进行。那么首先要了解清楚客户来访的目的，通常有以下几种。

第一，考察公司以便了解公司的规模、业务能力、业务类型等基本运作情况，同时了解工地运输生产体系、质量效率控制体系和创新信息等。这些客户往往都是新客户，只是通过网络、展会、客户介绍等方式了解到公司并产生强烈的合作意向，但对于公司也未了解很深，因此，实地考察访问无疑是一种最为直接有效的了解方式。

第二，进行项目洽谈，这样的客户往往是和公司相关业务人员有过几次沟通，而且在相关网站、杂志上已经看到过公司业务介绍及公司整体形象的展示。来访者往往是带着订单、项目有备而来的，目的就是讨论现有项目的合作，包括相关技术问题、价格问题、付款方式、完成期限等内容的实质性讨论。该客户通常是公司应该最为重视的，因此，接待时不仅要有专业技术人员陪同，公司领导也会适时参加接待和谈判。

第三，以了解货物情况为主，顺便了解公司最新发展情况。这样的客户通常已经和公司开始有了订单的合作基础，来访的主要目的是对公司的货物运输管理质量和品质进行进一步确认，同时，手中有一定的新订单，如果双方可以达成共识，新合作生产的可能性极大。

第四，以投诉为主，顺便对公司进行深入考察。这样的客户是与公司已经有过合作的，对公司有一定的了解，并在一定程度上信任公司的专业能力，是公司必须要充分重视的客户类型，如处理得当，将大大增加客户对公司的信任度及忠诚度，使其成为公司的长期合作客户。

第五，客户来与公司人员进行基本的人际交往。该类客户来访往往是顺道而过，来之前或许有预约或许没有预约。该客户和公司的关系已经很紧密了，拜访公司只是加强沟通，顺便看看正在合作的订单运转情况。

2. 物流客户来访处理

一旦确认客户来访，业务人员必须认真、细致地做好相关准备工作。针对客户来访目的，必须根据公司相关流程和制度，有针对性地做好安排。

（1）要了解客户。

对于老客户来访，不需要对客户进行深层次的了解。但对于新客户来访，必须慎重，详细了解清楚客户的实际情况和来访的真正用意。因此，客户调查是非常必要的，业务人员必须通过客户沟通等方式填写客户调查表。

（2）做好客户来访登记。

当客户亲自上门拜访时，接待人员应在与客户沟通的同时，让客户填写客户来访信息登记表，以方便公司的客户管理及业务管理，准确记录客户需求，并保证尽量满足来访客户的愿望。接待人员要详细记录客户情况报告，包括客户有什么需求、是否需要交于其他部门处理、解决办法与过程以及最终结果。

（3）安排客户行程。

有时，客户在拜访过程中有意愿了解公司的现状和发展情况，会提出参观公司相关业务工作场地的要求。在遇到此类要求时，接待人员要根据客户的要求及客户时间来安排参观行程及参观时间，使客户能在短时间内最大限度地了解公司能力，在不影响客户后续安排的情况下尽量满足客户的需求。

（4）安排参与接待的所有人员的对接。

如是要接待提前预约前来进行商务洽谈的客户，负责安排接待的人员应根据客户洽谈的主要内容，提前向相关技术人员及相关领导做好沟通，并请相关技术人员在接待时给予协助和支持。同时，应提前将客户来访信息汇报给部门领导及主要分管的副总，以便准确把握客户意图，保证洽谈进程顺利进行，并对可能出现的相关问题加以分析和判断。

（5）资料准备。

客户来访前，业务人员应事先认真整理好和该客户沟通过的相关资料，与合作项目有关的技术参数、操作流程及标准等应事先与技术部门相关人员联系以确保无误，并就这些信息和部门领导进行事先沟通，以促进谈判的顺利进行。

（6）做好会谈准备及会谈流程。

客户来访的前一天，业务人员必须事先告知所有相关部门来访人数、需要准备的资料，及其他要求，以便后勤部门做好会议准备工作。

3. 客户来函处理

（1）客户来函的形式。

商务函件是用来商洽工作、联系业务、询问和答复有关具体实际问题的一种公文。

①利用邮政系统进行函件的传递。

一般来说，客户来函是以书面形式，依靠邮件的传送来实现与其他地区的联系的。邮件是指经传递方式来处理的文件。

②利用电脑网络进行函件的传送。

E 时代的到来，邮件在网络生活中扮演着不可缺少的角色。网络邮件收发频率远大于现在的邮递员送信频率，节约了很大成本，有很大的优越性。

（2）客户来函处理。

在物流企业中，收取客户来信一般都由前台接待人员或者专门的收发信件部门收取，并分发给负责部门。在处理客户来函时，注意以下几点。

①在收取信件之后，要做好信件的分类，无论是纸质信件还是电子信件，需要分发给其他部门，要做好信件交接的记录或必须通知到收件者本人。

②接收到客户来函后，要仔细阅读客户来信中的内容。若是有关货物运输的商业洽谈的信件，应根据客户的具体要求制定好方案，尽快回复客户，并注意跟单处理。

③如果来函是向公司祝贺或者表扬的，要将信件进行具体登记，上报领导，并按照领导安排在公司进行张贴公示。

④回复客户函件，不同的信件要用不同的格式进行回复。运用正确的回信格式，不仅体现了公司的素质，也表示对对方公司及寄信人的重视和尊重。

第二节 物流客户接待中的商务礼仪

礼仪属于道德范畴，是人类社会活动的行为规范，是人们在社交活动中应该遵守的行为准则。通常是指在较大或较隆重的场合，为表示尊重、重视、敬意等所举行的合乎社交规范和道德规范的礼仪。

客户接待工作是一项热情、周到细致的工作，必须遵守礼貌、负责、方便、有效的原则，要做好接待工作，需要把握接待工作中的礼仪。

一、行进中的位次礼仪

举步行走，是一个正常人活动的基本方式。即使采用其他交通工具，例如火车、地铁、轮船、飞机或者自行车，行路依然必不可少。在前面的章节中，已经介绍了走姿的基本要求，除此之外，行进中的位次排序问题，礼仪要求有以下三种情况。

情况一：平面行进时。

（1）两人横向行进，内侧高于外侧。

（2）多人并排行进，中央高于两侧。

（3）对于纵向来讲，前方高于后方。

情况二：上下楼梯时。

（1）纵向：上下楼时宜单行行进，以前方为上。把选择前进方向的权力让给对方。

（2）男女同行时，一般女士优先走在前方。但如果遇到裙装（特别是短裙）的女士，上下楼时宜令女士居后。

(3) 横向：陪同人员应该把内侧（靠墙一侧）让给客人，把方便留给客人。

情况三：出入房间时。

(1) 出入房间时，一般客人或位高者先出入，表示对宾客的尊重。

(2) 如有特殊情况时，如双方均为首次到一个陌生房间，陪同人员宜先入房门。

同时，作业物流客户服务人员，在公众场合，还有一些最基本的礼仪规范是必须掌握的。

(1) 不吃零食、不吸香烟。

一个人在公共场所边走边吃或叼根香烟，不仅形象不雅，而且不卫生、不利于身体健康，更重要的是还有可能给公共环境及其他过往的行人造成不便，妨碍公共卫生与秩序，有违社会公德。

(2) 不随地吐痰，不随意打喷嚏、擤鼻涕。

唾沫、擤鼻涕等分泌物中，包含的细菌很多。行路时，若需要清嗓子、吐痰、擤鼻涕、打喷嚏，应注意避开他人，尽量控制发出的声量，痰和鼻涕应用纸巾包好，投入垃圾箱。切忌将痰、鼻涕"自行消化"，更不可随地乱吐、乱搞或者将鼻涕乱擦到公共物品上。打喷嚏要用手或纸巾遮掩，切忌打喷嚏时将口水喷到别人脸上、身上。

(3) 不乱扔垃圾。

在行路当中，若有些人的废弃物品需要处理，应将其投入专用的垃圾箱。不要"天女散花"，随手乱丢，破坏公共场合的环境卫生。对于口香糖一类难以清理的垃圾则应该按照环保要求，用纸巾包好之后再投放到垃圾箱，切不可随口乱吐。

(4) 礼貌谦让。

通过狭窄路段时，应请他人先行，不要争先恐后。在拥挤之处不小心碰到别人，要立即说"对不起"，对方则应答以"没关系"。不要若无其事或是借题发挥、寻衅滋事。

(5) 保持适当距离。

社交礼仪认为：人际距离在某种情况下也是一种无声的语言。它不仅反映着人们彼此之间关系的现状，而且也体现着其中某一方，尤其是保持距离的主动者对另一方的态度、看法，因此，对此不可马虎大意。引领客人时，应走在客人左前方的两三步处，要与客人的步伐保持一致，引路时要注意客人，适当地做些介绍。

【应用小案例 3-2】

客户张女士与朋友来到位于××市××路的××配送中心，准备洽谈关于配送合作的业务，客服人员李明热情地迎接了她们，由于李明新入职不久，急于完成工作任务，一看到张女士两人，不禁心中暗喜。在引领客人到接待室的时候，李明与张女士并肩而行，他一边走一边介绍业务，而且他的手总是无意触碰到张女士的胳膊上，引起了张女士的不快。

问题：物流客户服务人员在引领客户进入接待室时应注意哪些礼仪？

二、乘坐交通工具礼仪

人们可以乘坐的交通工具有多种类型，下面主要介绍一下有关乘坐轿车、电梯等交通工具的礼仪规范，以供参考。

1. 乘坐轿车的礼仪

轿车特指区别于货车、皮卡、SUV、大巴、中巴的小型物流汽车，有四门或两门、封闭式车身、固定顶盖、一个车厢的物流汽车，一般包括司机在内可乘坐 4~9 人。

乘坐轿车时，需要注意的礼仪问题主要涉及座次、举止、上下车顺序等三个方面。

（1）座次。

在比较正规的场合，乘坐轿车时一定要分清座次的尊卑，以找到符合自己身份的座位。而在非正式场合，则不必过分拘礼。轿车上座次的尊卑，从礼仪上来讲，主要有下面几种情况。

①商务面包车。

上座位为车辆中前部靠近车门的位置。此类物流汽车上座位置的确定，一般考虑乘客的乘坐舒适性和上下车的便利性。

②越野吉普车。

前排副驾位置为上座位。越野车功率大，底盘高，安全性也较高，但通常后排比较颠簸，而前排副驾的视野和舒适性最佳，因此为上座位置。

③双排座轿车。

情况一：主人或熟识的朋友驾驶汽车时，这种情况下，副驾位置为上座位。坐到后面位置等于向主人宣布在打的，非常不礼貌。如果有两位客人，则与主人较熟悉、关系密切的一位坐在前面副驾位。如图 3-1 所示。

情况二：专业司机驾车，一般商务或公务接待场合。这时，主要考虑乘车者的安全性和下车时是否方便，第二排司机斜对角位置为上座位。而前排副驾一般为陪同人员座位。如图 3-2 所示。

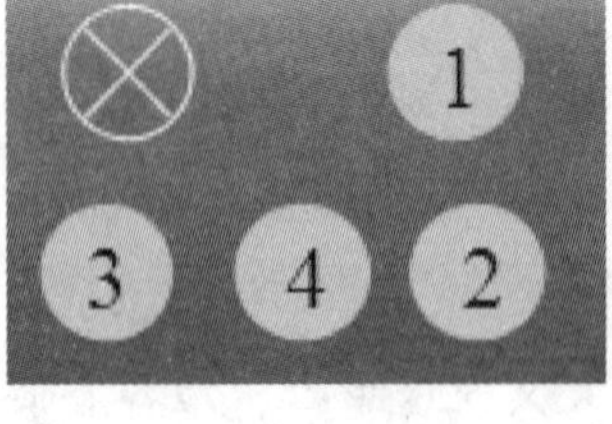

图 3-1 座次礼仪

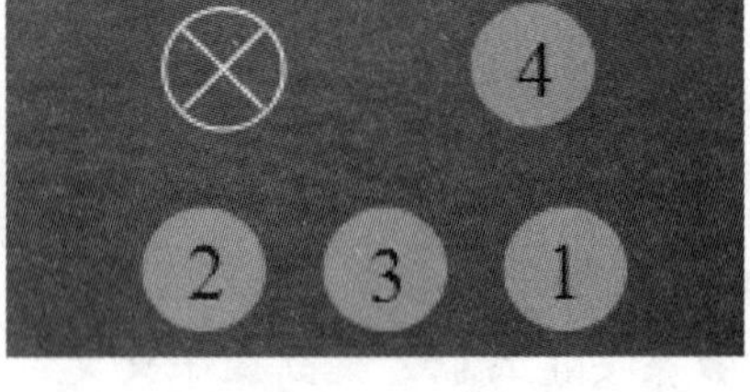

图 3-2 座次礼仪

情况三：职业司机驾车，接送高级官员、将领、明星等知名公众的人物时。这种场合下，主要考虑乘坐者的安全性和隐私性，司机后方位置为客户的上座位，通常也被称作 VIP 位置。

前面讲的都是以双排四座为例，双排五座轿车的座次可以参照双排四座来区分，其中，后排中座的尊卑顺序排在后排左座后面。而多排轿车的顺序是，以前排为上，以右为尊，以左为卑。

（2）举止。

与其他人一同乘坐轿车时，即应将轿车视为公共场所。在这个移动的公共场所里，同样有必要对个人的行为举止多加约束。具体来说，应当注意以下问题。

①不要争抢座位。上下轿车时，要井然有序，相互礼让。

②动作要得体。入座时，要大方、端庄、稳重地走到车门前，转身背对车门，先轻轻坐下，再将头和身体移入车内，然后再将双脚收入车内。女士应注意双脚并拢一起收入车内，最后再调整坐姿、整理衣裙。切忌车门打开后，先将脚和头伸进车内，然后再将身体挪入车内，最后才调整坐姿、整理衣裙。这是很不雅观的动作。下车时，待车门打开后，转身面对车门，同时将双脚慢慢移出车外，女士仍然要记住双脚并拢，待双脚落地踩稳后，再慢慢将身体移出车外。如图 3-3 所示。

图 3-3　女士上车

③要讲卫生。如果是雨雪天气，上车之前，要把雨具收好并用袋子装好，把身上的雨雪拍打干净，不要把车子里面弄得湿乎乎的；鞋子上如果有泥，要尽量擦洗干净再上车。不要在车上吸烟、吃零食、喝饮料，更不要随手乱扔东西。不要携带有异味的东西上车。

④不要往车外丢东西、吐痰，也不要在车上脱鞋、脱袜、换衣服。

⑤要注意安全。上车后，如果坐在副驾驶座，应该主动系好安全带。不要与驾车者交

谈或做其他影响驾车者注意力的事情，以防止走神。当自己上下车、开关门时，要先看车前车后，有没有过往行人或车辆，如果旁边停有车辆要观察一下是否有足够的距离开启车门。切勿疏忽大意，造成意外事故。

（3）上下车顺序。

上下轿车的顺序也有理可循。其基本要求是：倘若条件允许，应请尊长、女士、来宾先上车，后下车。具体而言，还有一些细节也应注意。

①如果是主人驾驶轿车时，如有可能，主人应后上车先下车，以便照顾客人上下车。

②乘坐由专职司机驾驶的轿车时，坐于前排者，大都应后上车先下车，以便照顾坐于后排者。

③乘坐由专职司机驾驶的轿车，并与其他人同坐于后一排时，应请尊、长、女士、来宾从右侧车门先上车，自己再从车后绕道左侧车门上车。下车时，则应自己先从左侧下车，再从车后绕过来帮助对方。

④为了上下车方便，坐在折叠座位上的人，应当最后上车，最先下车。

⑤乘坐多排座轿车时，通常应以距离车门的远近为序。上车时，距车门最远者先上，其他人随后由远而近依序上车。下车时则相反。

2. 乘坐电梯的礼仪

出入电梯的顺序，主要有以下几种情况。

（1）平面式电梯。

规则：单行右站。

（2）无人操作升降电梯。

陪同人员先进后出，以便控制电梯，先进去可以把按钮摁住，让客人进去方便，不会有被夹的危险，同时可以更方便帮客人按楼层。

（3）有人操作升降电梯。

陪同人员后进后出，但也不绝对。比如电梯里人太多，最后进来已经堵在门口了，如果还硬要最后出去，那别人就没法出去了。

总之，作为服务人员，进出电梯还应当注意：如果服务人员不陪同客人时应使用专用的电梯，乘电梯时，里面的人出来之后，外面的人方可进去。要尊重周围的乘客。进出电梯时，尽量侧身而行，免得碰撞、踩踏别人。进入电梯后，尽量站在里面。

三、谈判礼仪

1. 双边谈判

双边谈判指的是由两个方面的人士所举行的谈判。在一般性的谈判中，双边谈判最为多见。

（1）使用长桌或椭圆形桌子，宾主分坐于桌子两侧。如图 3-4 所示。

（2）横桌式。横桌式座次排列，是指谈判桌在谈判室内横放，客方人员面门而坐，主方人员背门而坐。除双方主谈者居中就座外，各方的其他人士则应依其具体身份的高低，各自先右后左、自高而低地分别在己方一侧就座。双方主谈者的右侧之位，在国内谈判中可坐副手，而在涉外谈判中则应由译员就座。如图 3-5 所示。

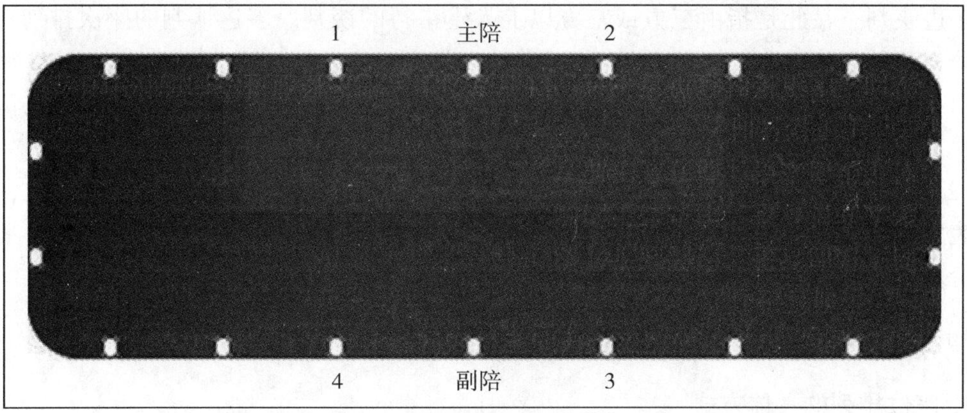

图 3-4　双边谈判

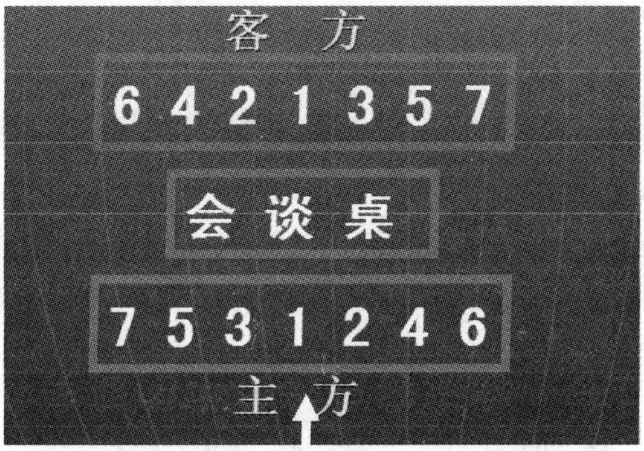

图 3-5　横桌式谈判

（3）竖桌式。竖桌式座次排列，是指谈判桌在谈判室内竖放。具体排位时以进门时的方向为准，右侧由客方人士就座，左侧则由主方人士就座。在其他方面，则与横桌式排座相仿。如图 3-6 所示。

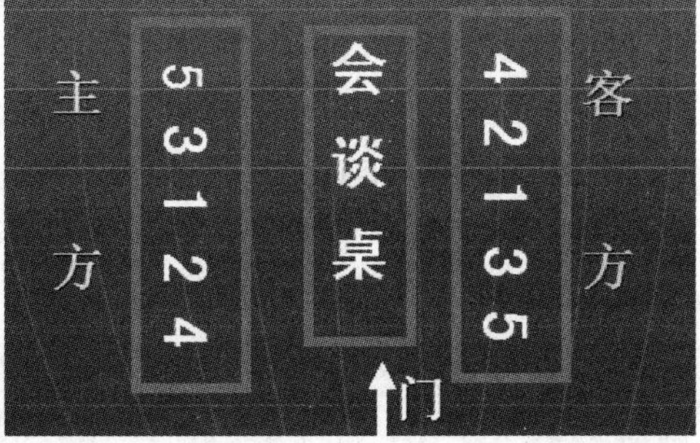

图 3-6　竖桌式谈判

2. 多边谈判

多边谈判，在此是指由三方或三方以上人士举行的谈判。多边谈判的座次排列，主要也可分为两种形式。

（1）自由式。自由式座次排列，即各方人士在谈判时自由就座，而无需事先正式安排座次。

（2）主席式。主席式座次排列，是指在谈判室内面向正门设置一个主席之位，由各方代表发言时使用。其他各方人士，则一律面对主席之位分别就座。各方代表发言后，亦须下台就座。

四、签字仪式位次礼仪

1. 座位排列的具体方式

从礼仪上来讲，举行签字仪式时，最基本的当属举行签字仪式时座次的排列方式。一般而言，举行签字仪式时，座次排列的具体方式共有三种，可根据不同的具体情况来选用。

（1）并列式。并列排座，是举行双边签字仪式时最常见的形式。基本做法是：签字桌在室内面门横放。双方出席仪式的全体人员在签字桌之后并排排列，双方签字人员居中面门而坐，客方居右，主方居左。

（2）相对式。相对式签字仪式的排座，与并列式签字仪式的排座基本相同。二者之间的主要差别，只是将双边参加签字仪式的随员席移至签字人的对面。如图 3-7 所示。

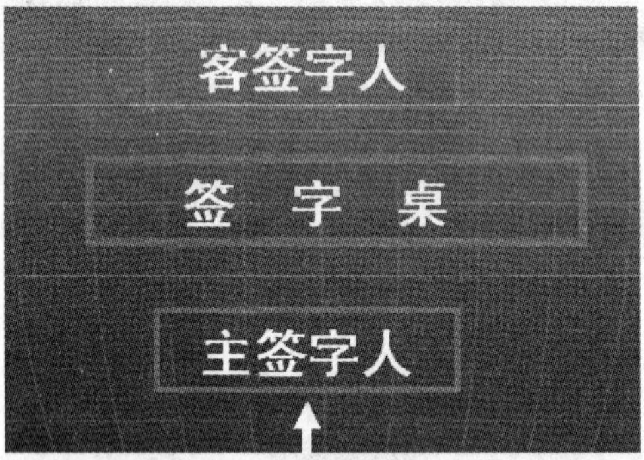

图 3-7　相对式

（3）主席式。主席式排座，主要适用于多边签字仪式。其操作特点是：签字桌仍需在室内横放，签字席设在桌后，面对正门，但只设一个，并且不固定其就座者。举行仪式时，所有各方人员，包括签字人在内，皆应背对正门，面向签字席就座。签字时，各方签字人应以规定的先后顺序依次走上签字席就座签字，然后退回原位就座。

签字仪式上，由于文件需要长久保存，签字时应用黑色的钢笔或签字笔，不宜用圆珠笔或其他色彩的笔。

2. 基本程序

公务人员在具体操作签字仪式时，可以依据下述基本程序进行运作。

（1）宣布开始。此时，有关各方人员应先后步入签字厅，在各自既定的位置上正式就座。

（2）签署文件。通常的做法是，首先签署应由己方保存的文本，然后再签署应由他方保存的文本。依照礼仪规范，每一位签字人在己方所保留的文本上签字时，应当名列首位。

因此，每一位签字人均须首先签署将由己方保存的文本，然后再交由他方签字人签署。此种做法，通常称为“轮换制”。它的含义是：在文本签名的具体顺序上，应使有关各方均有机会居于首位一次，以示各方完全平等。

（3）交换文本，各方签字人此时应热烈握手，互致祝贺，并互换刚才用过的签字笔，以示纪念。全场人员应热烈鼓掌，以表示祝贺之意。

（4）饮酒庆贺。有关各方人员一般应在交换文本后饮上一杯香槟酒，并与其他方面的人士一一干杯。这是国际上所通行的增加签字仪式喜庆色彩的一种常规做法。

3. 位次排列的基本原则

（1）双边签字。

举行双边签字仪式时，位次排列的基本规则包含以下三点。

①签字桌一般横放在签字厅内。

②双方签字者面对房间正门而坐。

③双方参加签字仪式的其他人员，一般需要呈直线、单行或者多行并排站立在签字者身后，并面对房间正门，通常面对房门站在右侧的是客方，站在左侧的是主方。要注意一点，中央要高于两侧，也就是双方地位高的人站在中间，站在最外面的人地位相对较低。如果站立的人员有多排，一般的原则是前排高于后排，站在第一排的人地位较高。

（2）多边签字。

多边签字仪式的基本礼仪规范有三点。

①签字桌横放。

②签字坐席面门而设，仅为一张。

③多边签字仪式讲究签字者要按照某种约定的顺序依次签名，而不像双边签字仪式一样大家平起平坐，同时签名。

五、会客座次礼仪

1. 相对式

具体做法是宾主双方面对面而坐。这种方式显得主次分明，往往易于宾主双方公事公办，保持距离。这种方式用于公务性会客，通常又分为两种情况。

（1）双方就座后，一方面对正门，另一方面背对正门。此时讲究“面门为上”，即面对正门之座为上座，应请客人就座；背对正门之座为下座，宜由主人就座。

（2）双方就座于室内两侧，并且面对面地就座。此时讲究进门后“以右为上”，即进门后右侧之座为上座，应请客人就座；左侧之座为下座，宜由主人就座。当宾主双方不止一人时，情况也是如此。

2. 并列式

基本做法是宾主双方并排就座，以暗示双方“平起平坐”、地位相仿、关系密切。具体也分为两类情况。

（1）双方一同面门而坐。此时讲究“以右为上”，即主人要请客人就座在自己的右侧。若双方不止一人时，双方的其他人员可各自分别在主人或主宾的一侧，按身份高低依次就座。

（2）双方一同在室内的右侧或左侧就座。此时讲究“以远为上”，即距门较远之座为上座，应当让给客人；距门较近之座为下座，应留给主人。

3. 居中式

所谓居中式排位，实为并列式排位的一种特例。它是指当多人并排就座时，讲究“居中为上”，即应以居于中央的位置为上座；以其两侧的位置为下座，由主方人员就座。

4. 主席式

主要适用于正式场合，由主人一方同时会见两方或两方以上的客人。此时，一般应由主人面对正门而坐，其他各方来宾则应在其对面背门而坐。这种安排犹如主人正在主持会议，故称之为主席式。有时，主人亦可坐在长桌或椭圆桌的一端，而请各方客人坐在他的两侧。

5. 自由式

自由式的座次排列，即会见时有关各方均不分主次、不讲位次，而是一律自由择座。自由式通常用在客人较多，座次无法排列，或者大家都是亲朋好友，没有必要排列座次时。进行多方会面时，此法常常采用。

总之，会客时排座次，要遵循的原则就是宾主对面而坐，以面门为上；宾主并列而坐，以右为上；当难以排列座次时，可自由择座。

六、会议座次礼仪

1. 不同会议的座次

商务交往时的会议按规模划分，有大型会议和小型会议之分，座次排列有下面以下规则。

（1）大型会议。

大型会议应考虑主席台、主持人和发言人的位次，排好前中右。主席台的位次排列要遵循三点要求。

①前排高于后排。

②中央高于两侧。

③右侧高于左侧（政务会议则为左侧高于右侧）。主持人的位置，可在前排正中，也可居于前排最右侧。发言席一般可设于主席台正前方，或者其右方。

（2）小型会议。

举行小型会议时，要选准主席位，位次排列需要注意两点。

①讲究面门为上，面对房间正门的位置一般被视为上座。

②小型会议通常只考虑主席之位，同时也强调自由择座。例如主席也可以不坐在右侧或者面门而坐，也可以坐在前排中央的位置，强调居中为上。

上位是左还是右？国际惯例是以右为尊，商务礼仪遵守的是国际惯例，一般以右为上，坐在右侧的人为地位高者。而在国内的政务交往中，往往采用中国的传统做法，以左为尊。

2. 参加会议礼仪

参加会议的人员，有一般与会者、其他会议参加人，要注意会场中的一些礼仪规范。

（1）一般与会者礼仪。

对于参加会议的公务人员而言，在开会过程中，也应注意礼貌、礼节。

①开会之前。

公务人员在会议召开前，应注意以下几点。

第一，守时。公务人员在参加会议时，一般在规定的会议时间之前提早五六分钟进入会场，不要迟到，迟到可以视为是对本次会议的不重视或是对会议主持人以及其他与会者的蔑视与不尊重。确有原因迟到的，要向主持人及与会者点头致歉。

第二，仪表。公务人员衣着应以正式上班服装为主，穿着不可过于随便。如果是户外会议，应事先询问主办单位是否可着休闲服。

第三，举止。公务人员在参加会议时，要坐姿端正，不可东倒西歪或趴在桌子上。不要搔首、掏耳、挖鼻、剔牙、剪指甲，甚至把脚从鞋里抽出来抠脚趾。室内若无烟灰缸，表示不能抽烟。

第四，若在会议开始前，主席仍未介绍与会人士，可主动伸手和左右的人握手并且进行自我介绍。

②会议进行时。

会议进行中，也有不少礼节是公务人员所要注意的。

第一，会议进行期间，公务人员应认真倾听报告或他人发言。择要做好记录，对深入体会和准确传达会议精神有很大帮助。携带寻呼机和手机进入会场，在会议开始时应予以关闭或调至振动挡。开会时，在下面闲聊、看书报、摆弄小玩意儿、抽烟、吃零食、打瞌睡或随意进出会场，都是切忌出现的不文明行为。

第二，在会议进行中，出席者要发言时，应先举手，这是发言的礼貌。发言时应对事不对人，勿损及他人的人格及信誉。会上发言时，应口齿清楚，态度平和，手势得体，不可手舞足蹈，忘乎所以或出言不逊。

第三，在大型会议上发言，准备要充分，态度要谦虚，发言开始要向听众欠身致意。发言内容要求做到中心突出，材料详实，感情真实，语言生动。力戒自我宣传，自我推销，更不能有对听众不尊重的语言、动作和表情。发言要严格遵守会议组织者规定的时间。发言结束，要向听众致谢并欠身施礼。如参加小型的座谈会、研讨会，发言要简练，观点要明确，讨论问题，态度要友好，不要随便打断别人的发言。对不同意见，应求同存异，以理服人。不要嘲讽挖苦，人身攻击。

第四，别人发言时不要打岔。如有问题可举手，经过会议主持人认可后再发言。

第五，不可否认，开会有时很闷，但在大众面前打哈欠、频频看表、身体动来动去、把玩手上的笔或闭上眼睛等，都是很不礼貌的行为。

③会议结束后。

公务人员要按顺序离开会场，不要拥挤和横冲直撞。

（2）其他会议参加人礼仪。

其他会议参加人，主要是相对于一般与会者而言的，包括主席台就座者、会议发言人、会议来宾等。他们除了应遵循一般与会者所遵循的礼仪之外，还有一些独特的礼仪需要遵从。

①主席台就座者礼仪。

主席台上的就座者，应遵循相应的礼仪规范。进入主席台时，应该井然有序，若此时参加会议者鼓掌致意，主席台就座者也应该微笑着鼓掌作答，有些会议，座位上或主席台的长桌上已标明就座者姓名，就应按照会议工作人员的引导准确入座。会议进行中，主席台就座者应该认真倾听发言人发言，一般不要与其他就座者交头接耳，更不能擅自离席，确有重要和紧急的事宜需提前离开会场的，应同主持人打招呼，最好征得其同意后再离席。

②对会议发言人或报告人来说，其礼仪主要表现在发言者要遵守秩序。若话筒距离自己的座位较远，则应以不快不慢的步子走向话筒。不要刚一落座就急着发言。在发言之前，可面带微笑，环顾一下会场四周。如会场里响起掌声，可以适时鼓掌答礼，等掌声静落后，再开始发言。发言时应掌握好语速和音量，以使会场中所有的人都能听清为宜。发言或报告一般应使用普通话，不能大量运用方言土语。发言或报告中还应注意观察与会者的反应，以便根据具体情况对内容作相应的调整。比如，会场里交头接耳不断时，就要考虑适当转移话题，或将发言、报告内容适当压缩，使时间尽量缩短。发言或报告结束时，应向会议全体参加人员表示感谢。

③来宾礼仪。

对会议邀请的来宾来说，应遵守“客随主便”的习俗，听从会议组织者的安排，做到举止端庄，行为有度。如果在会议开始前或进行中遇到熟人，不能把注意力只分配在一两个人身上，要照顾到来宾中的每个人，不能因为自己是来宾就不遵守会场纪律，也不能有“高人一等”的表现。

（3）与会者的十二个注意事项。

以下是与会者应有的礼仪。

①准时或早到会场均可，但千万不要迟到。任何人都不宜存有晚到是“重要人物”的虚荣心理，这样会影响议程的进行。

若你是新人（会议选手），提早进入会场是有好处的，因为你可以向早到的与会者作自我介绍，联络感情，也可以多请教前辈，更深入会议内容，以提早进入状态。新人必须以友善且正式的方式将自己介绍给对方，如告诉对方你是外地来的，你的姓名、代表公司或单位、负责部门等并出示名片。

②会议若因某人迟到而延后，不要一个人坐在位子上干等或显得不耐烦。可适时与周围的与会人士交谈，聊些与主题相关的事或时下流行的话题。

③到会场时态度应从容，不要慌慌张张、一副对会议主旨摸不着头绪的样子。参加任

何会议都最好事先将开会的目的、内容做一番深入了解，这样在开会时才能顺利进入状态。

④开会时若需发言，到会场时应将报告的内容及资料再整理、过目一下，并且要求管理人员再测试一下视听设备，以便会议进行中报告发言能顺利无阻。

⑤如果要在会议中使用录音机录音，应于事先征求主持人同意，不宜擅自录音。若需录像，宜在会议开始前就架设好，以免到时手忙脚乱。

⑥除了指定的会议记录人员之外，与会者也宜记下他人或自己的讨论及评论的要点，以吸收别人的意见与经验。但绝不要因无聊而打盹，也不宜在纸上任意涂写或玩弄纸笔，这些举动会给人留下不好的印象。

⑦不可任意打断他人的发言，应等对方报告告一段落或结束时再提出问题，对于对方的论点有听不清或不明了的地方，可要求对方再做说明。但无论如何，都应尊重议事规范，先举手等点名之后再说。

⑧在会场上要轻松流利地抒发自己的观点，尽可能避免紧张或词不达意。对于他人的见解如果不能认同，也应控制自己的情绪。暴躁式的否定是粗俗无礼的，可轻轻摇头或在对方说完话之后，做一番平静的评论，以显示不认同。面对其他与会者发表意见时，要注意用字的准确度，“我”代表个人，而“我们”则是代表公司、团体或某些人。

⑨如果觉得自己表达能力不是很好或者容易紧张、害羞，可在事前将发言内容和意见写在纸上，请主持人或其他人代为发言，以免因发言杂乱无章或口齿不清而浪费大家的时间。

⑩要清楚了解会议室内能否吸烟，并尽量不抽雪茄。

⑪会场若供应饮料，宜用杯子喝，不可拿着罐子猛喝，有不雅的仪态。

⑫散会后要祝贺主持人会议举办成功，并称赞与会者在会议中的表现及发言，以表示对会议的重视及肯定。

【思考与练习】

一、单选题

1. 引领客人时，应走在客户左前方的（　　）步处，要与客户的步伐保持一致。

A. 一两步　　B. 两三步　　C. 一步或三步　　D. 三四步

2. 陪同人员应该把（　　）让给客户，把方便留给客户。

A. 外侧　　B. 内侧

C. 内侧（靠墙一侧）　　D. 中间

3. 上下楼时宜单行行进，以（　　）为上，把选择前进方向的权力让给对方。

A. 左前方　　B. 前方　　C. 后方　　D. 右前方

4. （　　）具体做法是宾主双方面对面而坐。

A. 并列式　　B. 主席式　　C. 相对式　　D. 自由式

二、简答题

1. 简述日常物流客户接待的原则。

2. 简述物流客户接待流程的内容。

3. 简述物流客户来电来函处理流程。

三、情景设计

1. 某物流公司前台接待人员，在公司前台接待前来洽谈业务的客户，请模拟行进中的礼仪。

2. 作为某物流公司的业务经理助理，随同经理参加一个双边签字仪式，应注意哪些礼仪规范？现在请进行情景模拟。

3. 作为物流公司业务人员，当与客户进行协商谈判时，你应如何注意座次礼仪？

第四章　物流客户投诉处理

☞知识目标

掌握投诉的概念；
掌握投诉产生的原因及客户的心理；
理解客户投诉的作用；
掌握客户投诉的原则；
掌握处理客户投诉的技巧。

☞技能目标

能够灵活使用处理客户投诉的技巧；
能灵活掌握客户处理的流程。

【引例】

××快速消费品企业广州同事派车前往到货点收货时，发现该票货物根本没有在车上，故此致电承运地同事查询该票货物具体所在。对方反馈，7 月 19 日当日因为计划紧张（等理由）没有装载上行邮，故此装载的是 7 月 20 日的行邮。而且在我们跟踪的时候，行邮按照计划应该到达武汉附近，××快速消费品企业已经没有任何方法可更改此次运输。导致××公司对客户的到货预报失误，广州提货车因提不到货品导致空驶，引起××快速消费品企业的客户投诉，该企业又投诉一通公司。

如果你是一通公司客服经理，你有什么样的应对策略和技巧呢？

第一节　物流客户投诉认知

一、客户投诉的概念

众所周知，服务措施、服务水平做得再好，也难免会出现客户投诉的情况。提高客户服务水平，尽量减少客户投诉是每个企业追求的目标。物流企业，因其特殊性决定了在日常业务操作中会有客户投诉，如何处理客户投诉并将投诉转为营销活动，也就是通常所说的危机公关，自然也就成为企业共同关注的话题。

物流客户投诉就是指客户在使用商品或接受服务时，感到不满意，向物流企业有关部门申诉的一种行为。

二、投诉的心理分析

（1）求宣泄：顾客正当的需求没有得到满足或受到不公正的对待而产生的挫折感，向管理人员抱怨。

（2）求补偿：顾客的怨气宣泄之后，激动情绪得到缓解，他们要维护其合法的权益。一般情况下，顾客因受损失而投诉，除对物质损失要求补偿外，更多的是对精神损失要求物质索赔，以求得心理平衡。

（3）求尊重：顾客自尊心受到伤害，很难平复，因此发生投诉，一定要求当事人或管理人员当面认错并赔礼道歉，以尊重客户尊严。

可以看到处理顾客投诉，说到底是要解决顾客和企业情感联系问题。投诉处理得好，就会得到顾客的谅解，使坏事变成好事，从而改善顾客对企业的印象，避免反面宣传。同时还应该知道，只要多站在服务立场思考问题，在出售产品和服务中更多注入情感因素，用心、用情换得顾客的满意及对客服工作的理解和支持，其实可以避免很多顾客投诉。妥善处理顾客投诉，需要注入极大的耐心和爱心，客户服务的目标是使有怨气的顾客最终满意而去，恢复企业声誉，影响潜在客户。

三、客户投诉的方式和原因分析

1. 客户投诉的方式

（1）电话投诉。

客户会直接拨打公司的服务热线或投诉热线，表达自己的愤怒。由于双方看不清彼此的表情、动作，因此，很容易给投诉处理制造障碍。针对电话投诉，需要做到的基本工作包括从电话中确切了解事情的基本信息；利用规范的声音及语气体现对客户不满情绪的支持；如有可能，把电话内容录音存档，特别是涉及特殊纠纷的投诉事件。

（2）信函投诉。

有些客户会选择信函投诉的方式。由于写信是一个较长时间才能完成的事情，因此客户会以一种经过深思的方式真实地反应整个事件。在收到客户投诉信时，应立即送给相关负责人员；同时通知客户已收到信函，表现企业诚恳的态度和解决问题的意愿；尽快给出解决方案，并告知客户。

（3）现场投诉。

部门客户倾向于当面投诉，认为这样可以发泄心中的怒气和把问题说得更清楚。现场投诉给了企业最好扭转局面的机会，因为客户就在眼前，只要采用了正确的应对方式，客户就会满意而去，而不像上面两种方式，存在诸多问题。在处理现场投诉时要注意将客户请到远离人群的地方，以免影响到其他客户；不能中途不告知就离开位置，让客户等候；按照公司规定处理客户的投诉；不能立即解决的应该给出处理的期限；谨慎使用各种应对语，避免再次触怒客户；对再次提出投诉的客户，应该给予以更好的招待，等等。

(4) 电子邮件或者短信投诉。

网络带来很多的投诉便利，一些企业专门建立了一个处理客户投诉的邮箱和短信平台。大大节省了企业和投诉客户的成本，企业也能较方便地提取信息，从而解决问题。

2. 客户投诉的原因分析

顾客投诉是每一个企业皆会遇到的问题，它是顾客对企业管理和服务不满的表达方式，也是企业有价值的信息来源，它为企业创造了许多机会。因此，如何利用处理顾客投诉的时机而赢得顾客的信任，把顾客不满转化为顾客满意，锁定他们对企业和产品的忠诚，获得竞争优势，已成为企业营销实践的重要内容之一。客户投诉的原因主要有企业本身的原因及客户自身的原因两大类。

(1) 企业自身的原因。

①产品质量无法满足顾客。

良好的产品质量是顾客塑造满意度的直接因素，对于服务这种无形产品也是这样。对于服务的质量评估不但贯穿了顾客在从进入到走出服务系统的全部经历过程，还会延伸到顾客对服务所产生的物质实际的使用过程中。如一个顾客在超市选购商品，一方面，能不能在超市中以合适的价格顺利地买到质量合格的商品是决定顾客是否满意的主要判断标准；另一方面，即使商品的质量没有问题，但如果在使用的过程中，顾客发现使用该商品得到的效果并不是像他自己想象的那样，他也会对整个超市的服务产生不满，进而产生抱怨心理。

②服务无法达到顾客的要求。

服务是一种经历，在服务系统中的顾客满意与不满意，往往取决于某一个接触的瞬间。如服务人员对顾客的询问不理会或回答语气不耐烦、敷衍、出言不逊；结算错误；让顾客等待时间过长；公共环境卫生状态不佳；安全管理不当，店内音响声音过大；服务制度如营业时间、商品退调、售后服务以及各种惩罚规则不完善等等，都是造成顾客不满、产生抱怨的原因。

③对顾客期望值管理失误。

服务企业对顾客期望值管理失误导致顾客对于产品或服务的期望值过高。在一般情况下，当顾客的期望值越大时，购买产品的欲望相对就越大。但是当顾客的期望值过高时，就会使得顾客的满意度越小；顾客的期望值越低时，顾客的满意度相对就越大。因此，企业应该适度地管理顾客的期望。当期望管理失误时，就容易导致顾客产生抱怨。

(2) 顾客的原因。

①弥补损失。

顾客往往出于两种动机提出投诉，一是为了获得财务赔偿：退款或者免费再次获得该产品及服务作为补偿；另一种是挽回自尊：当顾客遭遇不满意产品、服务，不仅承受的是金钱损失，还经常伴随遭遇不公平对待，对自尊心、自信心造成伤害。

②性格的差异。

不同类型顾客对待“不满意”的态度不尽相同，理智型的顾客遇到不满意的事，不吵不闹，但会据理相争，寸步不让；急躁型的顾客遇到不满意的事必投诉且大吵大闹，不怕把事情搞大，最难对付；忧郁型的顾客遇到不顺心的事，可能无声离去，决不投诉，但永远也不会再来。

管理者可能会问，不愉快的顾客为什么不投诉？顾客不投诉的原因主要有以下几个：

不值得花费时间和精力；

担心没有人会关心他们的问题或有兴趣采取行动；

不知道到哪里去投诉及怎样投诉；

有很大比例的投诉者反映他们对投诉的结果不满意；

有时候它是一种文化或背景的反映。如日本有21%的顾客对投诉感到尴尬或不适；在某些欧洲国家，服务提供者和顾客之间有一种强烈的客人-主人关系，告诉服务提供者你对服务的方式不满意会被认为是不礼貌的事。

来自高收入家庭的消费者比来自低收入家庭的消费者提出投诉的可能性更大，年轻人比老年人提出投诉的可能性更大。投诉者往往具有更丰富的产品知识，也更了解投诉渠道。其他增加投诉可能性的因素包括问题的严重性、产品对顾客的重要性和财务损失。

四、物流客户投诉的内容

由于物流企业日常业务具有一定的特殊性，可能会有客户投诉，如何处理好客户投诉并将投诉转为营销手段，自然也成为了物流企业共同关注的话题。

客户投诉的内容因提供的产品或服务的不同而不同，因承诺达到的标准不同而不同，其主要内容包括以下几点。

1. 合同投诉

合同投诉即订单投诉，指在执行过程中，没有按合同中所规定的数量、质量、规格、价格、时间、地点、方式等执行，而给对方造成一定的影响和损失，从而提出解决要求。因为有合同依据，合同投诉解决起来较为容易。作为物流企业，若的确没有按合同规定提供产品或服务，应主动解决。

2. 质量投诉

主要因产品质量不好、规格不好、技术不符合标准、故障等原因引起，质量投诉的主要依据有国家标准、行业标准、协议约定标准等。

3. 服务投诉

服务投诉主要是指对服务质量、态度、方式技巧的投诉。

4. 物流环节投诉

物流服务环节投诉指在物流服务过程中，因环节的衔接、影响等造成商品损失，引起客户不满的投诉。

五、客户投诉处理的原则

为正确处理客户投诉，企业应明确规定处理的规范和原则，建立客户投诉管理机制。

1. 及时准确原则

对投诉及时做出反应，并在规定的时间进行有效处理，不能及时处理完毕的应按时跟进进展情况，并适时通知客户。处理要准确有效，避免反复投诉，处理过程中的信息要收集，结论要准确。

2. 诚实信用原则

注重承诺和契约，有诺必践；处理问题应以能够公诸于众为标准，不暗箱操作；为保证诚信原则的贯彻，应注意不承诺能力以外的事情，不轻易承诺结果。处理结果应认真履行，关注结果，跟踪回访。

3. 专业性原则

以专业标准要求自己，对客户体恤、尊重；协调专业部门从专业角度处理问题，做到实事求是、有根有据，维护公司专业形象。同时也要从人性化角度出发，尽可能多给予客户方便，多为客户着想。

六、物流客户投诉处理流程

有效的客户投诉处理应当非常迅速，对于投诉的处理不能拖太长时间，哪怕是最终解决了问题，也会因为没有及时解决问题而使投诉客户不满，从而丧失投诉客户的客户价值。有效的客户投诉处理，就是要不断地获得最大化的客户投诉价值。

客户投诉处理流程一般包括以下几个步骤。

1. 记录投诉内容

利用客户投诉记录表详细地记录客户投诉的全部内容（如投诉人、投诉事件、投诉对象、投诉要求等）。

2. 判定投诉是否成立

了解客户投诉的内容后，要判定客户投诉的理由是否充分，投诉要求是否合理。如果投诉不能成立，即可以婉转的方式答复客户，取得客户的谅解，消除误会。

3. 确定投诉，处理责任部门

根据客户投诉的内容，确定相关的具体受理单位和受理责任人。如属运输问题，交运输部门处理，属质量问题，则交质量管理部门处理。

4. 责任部门分析投诉原因

要查明客户投诉的具体原因及具体造成客户投诉的责任人。

5. 提出处理方案

根据实际情况，参照客户的投诉要求，提出解决投诉的具体方案，如退货、换货、维修、折价、赔偿等。

6. 提交主管部门领导批示

对于客户投诉问题，领导应予以高度重视，主管领导应对投诉的处理方案一一过目，及时作出批示。根据实际情况，采取一切可能的措施，挽回已经出现的损失。

7. 实施处理方案

处罚直接责任人，通知客户，并尽快地收集客户的反馈意见。对直接责任人和部门主管按照有关规定进行处罚，依照投诉所造成的损失大小，扣除责任人一定比例的绩效工资或奖金；同时对不及时处理问题造成延误的责任人也要进行追究。

8. 总结评价

对投诉处理过程进行总结与评价，吸取教训，提出改进措施，不断完善企业的经营管理和业务运作，以提高客户服务质量和服务水平，降低投诉率。

【应用小案例 4-1】

某物流公司承接了某大型连锁超市的物流配送业务，临近春节时，该公司为连锁超市各门店配送一大批香烟，在某一家门店，货运人员将一箱一万多元的大中华香烟卸下后，看到门店营业很忙，说了一声货到了，并未对是否搬进门店进行监督，也没有按照配送流程及时完成交接手续，即自行离去。不久门店反应没有收到该箱香烟，连锁超市投诉物流公司未按照合同要求完成配送任务，并索赔。

问题：请你列出这件投诉处理流程，并想想应该怎样处理才能让公司保留住这个物流客户呢?

七、客户投诉处理的意义

现代市场竞争的实质就是一场争夺顾客资源的竞争，但由于种种原因，企业提供的产品或服务会不可避免地低于顾客期望，造成顾客不满意，顾客投诉是不可避免的。向企业投诉的顾客一方面要寻求公平的解决方案，另一方面说明他们并没有对企业绝望，希望再给企业一次机会，美国运通公司的一位前执行总裁认为：“一位不满意的顾客是一次机遇。”

相关研究进一步发现，50%~70%的投诉顾客，如果投诉得到解决，他们还会再次与公司做生意，如果投诉得到快速解决，这一比重上升到 92%。因此，顾客投诉为企业提供了恢复顾客满意的最直接的补救机会，鼓励不满顾客投诉并妥善处理，能够阻止顾客流失。

1. 减少负面影响

不满意的顾客不但会终止购买企业的产品或服务，而转向企业的竞争对手，而且还会向他人诉说自己的不满，给企业带来非常不利的口碑传播。据研究发现，一个不满意的顾客会把他们的经历告诉其他至少 9 名顾客，其中 13%的不满顾客会告诉另外的 20 多个人。研究还表明，公开的攻击会比不公开的攻击获得更多的满足。一位顾客在互联网宣泄自己的不满时写到：“只需要 5 分钟，我就向数以千计的顾客讲述了自己的遭遇，这就是对厂家最好的报复……。”

但是，如果企业能够鼓励顾客在产生不满时，向企业投诉，为顾客们提供直接宣泄机会，使顾客不满和宣泄处于企业控制之下，就能减少顾客找替代性满足和向他人诉说的机会。许多投诉案例表明，顾客投诉如果能够得到迅速、圆满的解决，顾客的满意度就会大幅度提高，顾客大多会比失误发生之前具有更高的忠诚度。不仅如此，这些满意而归的投诉者，有的会成为企业义务宣传者，即通过这些顾客良好的口碑鼓动其他顾客也购买企业产品。

2. 免费的市场信息

投诉是联系顾客和企业的一条纽带，它能为企业提供许多有益的信息。丹麦的一家咨询公司的主席 Claus. Moller 说：“我们相信顾客的抱怨是珍贵的礼物。我们认为顾客不厌其烦地提出抱怨、投诉，是把我们在服务或产品上的疏忽之处告诉我们。

“如果我们把这些意见和建议汇总成一套行动纲领，就能更好地满足顾客的需求。”研究表明，大量的工业品的新产品构思来源于用户需要，顾客投诉一方面有利于纠正企业营销过程中的问题与失误，另一方面还可能反映企业产品和服务所不能满足的顾客需要，仔细研究这些需要，可以帮助企业开拓新市场。

从这个意义上看，顾客投诉实际上是常常被企业忽视的一个非常有价值且免费的市场研究信息来源，顾客的投诉往往比顾客的赞美对企业的帮助更大，因为投诉表明企业还能够比现在做得更好。

3. 预警危机

一些研究表明，顾客在每 4 次购买中会有 1 次不满意，而只有 5%以下的不满意的顾客会投诉。所以如若将公司不满的顾客比喻为一座冰山的话，投诉的顾客则仅是冰山一角，不满顾客这个冰山的体积和形状隐藏在表面上看起来平静的海面之下，只有当公司这艘大船撞上冰山后才会显露出来，如果在碰撞之后企业才想到补救，往往为时已晚。所以，企业要珍惜顾客的投诉，正是这些线索为企业发现自身问题提供了可能。

例如，从收到的投诉中发现产品的严重质量问题，而收回产品的行为表面看来损害了企业的短期效益，但是避免了产品可能给顾客带来的重大伤害以及随之而来的严重的企业——顾客纠纷。事实上，很多的企业正是从投诉中提前发现严重的问题，然后进行改善，从而避免了更大的危机。

4. 服务影响

即使是那些在提供服务方面做得很出色的企业，仍然不得不一次次应付那些感到不满意的顾客。企业处理顾客投诉问题的能力如何是决定企业能否留住顾客、能否从投诉中发现问题改进质量的重要原因。但是，你是否知道，有多少比例的顾客愿意提出投诉？不愉快的顾客为什么不投诉？他们都在哪里提出投诉？如何处理顾客的投诉呢？

据最有影响力的消费者投诉处理研究机构之一 TARP 的研究发现，制造性消费品有 25%~30%的顾客投诉；尼尔森发现杂货品或包装问题的投诉率为 30%，而大件耐用品的投诉率也只有 40%；其他国家也得出了相似的结果，如挪威的一项研究发现投诉中不满意的消费者的比率在 9%（咖啡）和 68%（物流）之间。

敏锐的服务组织会从两个方面看待投诉。一方面，它是一股能够被用来帮助衡量质量、为服务设计和实施提供建设的信息流；另一方面，它是一系列独立的顾客问题。其中每一个问题都需要解决。如果投诉能被用作市场研究的信息投入，那么建议和询问也同样可以。建议通常显示了一个把顾客从“有点满意”向“非常满意”推进的机会。询问常常揭示了企业提供信息方面的弱点，或者向企业指出了改进顾客服务的需要。

获取“及时”投诉的好处是，在服务传送完成（以及重大破坏可能造成）之前可能还有机会做出修正。当一个服务的过程很长，而服务的后果又很严重时，这样的补救可能是至关重要的。及时投诉的不利之处（从员工的观点看）在于聆听顾客的不满会使员工失去动力，及时处理投诉又会干扰服务传递的顺利进行。对于员工而言，真正的困难是他们常常没有解决顾客问题的权力和工具，尤其是当需要牺牲公司的利益来做出替代安排或在现场核准赔偿时。

如果投诉是在服务完成后发生的，那么补救的选择就更有限了，仅限于道歉、重复服务，以实现所要求问题的解决（在诸如修理这样的情况中，这仍然是有可能的）或者提供其他形式的补偿。无论是哪一种情况，处理投诉和解决问题的方式都可能对消费者决定是继续成为企业的顾客还是在将来寻求新的服务提供者产生重要的影响。

当投诉得到满意的解决时，顾客保持品牌忠诚和继续购买商品或服务的可能性就更大了。研究发现，那些对投诉结果感到完全满意的投诉者中有再次购买不同种类产品意图的占 69%~80%，而投诉没有得到很完满解决的投诉者中只有 17%~32%。

TARP 认为，投诉处理应当被看作是一个利润中心，而不是成本中心，它还创建了一个公式，帮助公司把保留一个有盈利能力的顾客的价值同运作一个有效的投诉处理部的成本联系起来。把行业数据代入这个公式得出了一些激动人心的投资回报率：银行 50%~70%，天然气 20%~50%，物流服务 100%以上，零售业 35%~400%，为公司设计一个有效的解决问题的程序，必须考虑其特定的环境和顾客可能遭遇到的问题的类型。

第二节　物流客户投诉处理技巧

物流企业，因其业务的特殊性决定了在日常业务操作中会有客户投诉，如何妥善处理好客户投诉成为其日常经营活动中的重要一环。

一、物流日常业务中可能产生的操作失误

1. 业务员操作失误

业务员操作失误有：计费重量确认有误；货物包装破损；单据制作不合格；报关出现失误；运输时间延误；结关单据未及时返回；舱位无法保障；运输过程中货物丢失或损坏等情况。

2. 销售人员操作失误

销售人员操作失误有：结算价格与所报价有差别，与承诺的服务不符；对货物运输过程监管不利，与客户沟通不够，有意欺骗客户等。

3. 供方操作失误

供方操作失误有：在运输过程中货物丢失或损坏；送货时不能按客户要求操作；承运工具未按时发货等。

4. 代理操作失误

代理操作失误有：对收货方的服务达不到对方要求，使收货方向发货方投诉而影响公司与发货方的合作关系等。

5. 客户自身失误

客户自身失误有：客户方的业务员自身操作失误，但为免于处罚而转嫁给货代公司；客户方的业务员有自己的物流渠道，由于上司的压力而被迫合作，但在合作中有意刁难等。

6. 不可抗力因素

不可抗力因素有：天气、战争、罢工、事故等不可抗力因素所造成的延误、损失等。

以上情况都有可能导致客户对公司投诉，公司对客户投诉处理的不同结果，都有可能会使公司与客户的业务关系发生变化。

二、客户投诉处理的解决措施

要想成功地处理好客户投诉，先要找到最适合的方式与客户进行沟通。很多客户服务人员会有这样的感受，客户在投诉时表现出情绪激动、愤怒，甚至出现骂人的情况。此时，客服人员要明白，这实际上是一种发泄，把自己的怨气、不满发泄出来。此时，客户最希望得到的是同情、尊重和重视，因此应立即向其表示歉意，并采取相应的措施。

1. 聆听客人投诉

注意听投诉的全部情况，你需要明白问题所在，不打断客人的投诉，没有听完全部内容可能导致错误判断，不耐烦会使客人更生气，允许客人发泄，这样会使问题更容易解决，如果可能，应巧妙地避免其他客人听到，表现出你对投诉很认真，最好做记录。

2. 表示理解，不与争辩

当客户在投诉时会表现出烦恼、失望等各种情绪，物流客户服务人员不应当把这些表现理解成就是对个人的不满。特别是在客户发怒时，你可能会想："我的态度这么好，凭什么对我发火?"要知道，愤怒的情绪通常会潜意识地通过一个载体发泄出来。因此，客户仅仅是把你当成了发泄对象而已。

无论客户是否永远都是对的，至少在客户的世界里，他的情绪与要求是真实的，客服人员只有与客户的世界同步，才能真正了解他的问题，找到最适合的方式与他交流。

3. 道歉与安抚

不管是什么原因造成客户的不满，都要诚恳地向客户道歉，对此给客户造成的不愉快和损失道歉。

对于客户的不满，要及时提出补救的方式，并明确地告知客户，让客户感觉到你在为他考虑，为他弥补，并且你很重视他的感受，一个及时有效的补救措施，往往能让客户的不满变成感谢和满意。

4. 设身处地，换位思考

当接到客户投诉时，首先要有换位思考的意识。如果是本方的失误，首先要代表公司表示道歉，并站在客户的立场上为其设计解决方案。对问题的解决，也许有三到四套解决方案，可将自己认为最佳的一套方案提供给客户，如果客户提出异议，可再换另一套，待客户确认后再实施。当问题解决后，至少还要有一到两次征求客户对该问题的处理意见，争取下一次的合作机会。

【应用小案例 4-2】

某货运公司的 A、B 两名销售人员分别有一票 FOB 条款的货物，均配载在 D 轮从青岛经釜山转船前往纽约的航次上。开船后第二天，D 轮在釜山港与另一艘船相撞，造成部分货物损失。接到船东的通知后，两位销售人员的解决方法如下：A 销售员马上向客户催收运杂费，收到费用后才告诉客户有关船损一事。B 销售员马上通知客户事故情况并询问该票货物是否已投保，积极协调承运人查询货物是否受损并及时向客户反馈。待问题解决后才向客户收费。结果 A 的客户货物最终没有损失，但在知道真相后，对 A 及其公司表示不满并终止合作。B 的客户事后给该公司写来了感谢信，并扩大了双方的合作范围。

问题：

（1）两位销售人员的处理方法有什么不同？

（2）造成不同结果的原因是什么？

5. 提出解决方案

根据投诉类别及情况，提出相应的解决问题的具体措施，向客户说明解决问题所需要的时间及原因，如果客户部认可或拒绝解决方法，坦诚向客户表明公司的限制。

6. 跟踪回访阶段

根据处理时限的要求，注意跟进投诉处理的进程并及时向客户通报，关心询问客户对处理结果的满意程度。

三、减少客户投诉的措施

顾客投诉是每一个企业皆遇到的问题，它是顾客对企业管理和服务不满的表达方式，也是企业有价值的信息来源，它为企业创造了许多机会。因此，如何减少客户投诉是物流客户服务人员必须要面对的一大问题。

（1）物流企业的各级领导要高度重视。

物流企业各部门要设立专门的“客户服务中心”、“举报投诉中心”。要有独立的办公场所，人员配备到位；完善各种规章制度，配备专用车辆和电话。同时，遇到重大问题要及时向上级汇报，以便取得他们的重视和支持。

（2）规范物流企业自身的经营行为，严格执行国家及行业政策和规定。

在物流服务过程中，不违规超标准收取费用。使企业自身的各项经营行为符合国家的法规和政策。

（3）社会公开服务承诺，规范企业员工的服务行为。

（4）接受社会的监督。

采取聘请监督员、召开座谈会等形式，定期听取客户的意见。

（5）调查研究客户需求心理。

不同类型的客户有不同的需求，如大宗工业用户、个体用户以及私营者用户等，还有一些特殊社会团体和人群等。

（6）建立服务质量奖惩机制，制定严格的奖惩考核规定。

要对企业各部门和员工进行考评，对服务水平高、服务质量好、客户满意、没投诉的部门和人员进行奖励，对工作不认真、不负责、客户有意见、投诉多的部门和人员进行惩处。对发生的违规违纪事件及时处理。特别对那些以权谋私的行为，不管发生在个人还是部门领导身上，一经发现，都应该严格查处，绝不姑息迁就。

【应用小案例 4-3】

日前，某储运公司客户投诉管理部门接到一老客户打来的投诉电话，称：在近期储运公司运送来的货物中存在着货物毁损问题，该批货物价值总额为 30 万元，商品完好率为 70%，缺损商品价值为 9 万元，客户要求赔偿。客户投诉管理部门受理投诉，登记客户投诉记录表，然后将投诉记录交货运部；货运部收到投诉记录后马上开展调查分析，并获得两方面的资料。

第一，缺损货物中有 10% 货物因轻微碰撞而变形，修理后不影响使用和销售，预计修理费用为 3000 元；其余部分毁损严重，无法恢复其价值和实用价值，这部分货物的价值总额为 8.1 万元。第二，货物毁损原因查明，是因为储运公司对货物的包装强度过低，导致货物在运输途中出现事故。经有关管理部门研究，并征得客户的同意，提出解决问题的方案：第一，支付商品的维修费用，赔偿经济损失，共计 4000 元。第二，补发毁损货物。储运公司相关部门按要求支付赔款和发运货物；客户投诉管理部门定期回访该客户，了解到货情况，赢得了客户的信任。

这是一起由储运公司对货物包装不当造成的客户投诉案例。在这一事件中，储运公司应该对货物的损失承担全部经济责任，并赔偿客户的经济损失。整个事件处理过程中，储运公司客户服务人员的工作态度、工作效率、赔偿的主动性直接关系到对客户的挽留与客户的回头率。

四、客户投诉处理的注意事项

处理顾客投诉是非常认真的工作，处理人当时的态度、行为、说话方式等都会对事件的处理有着至关重要的作用，有时不经意的一句话都会对事情的发展起到导火索的作用。尽量避免因自己的失误而造成的不良后果。处理顾客投诉的忌讳主要内容为以下几个方面。

（1）逃避问题。

（2）经常向上司求助。

（3）急于转交他人处理。

（4）还没有处理好就太快地走开。

（5）现场与顾客争辩。

（6）找一些借口开脱责任。

（7）推卸责任，说其他部门的事情。

（8）传达含糊不清的信息。

（9）不适当的脸部表情。

（10）当面或者背后品评顾客。

（11）向顾客过分承诺自己做不到的事情。

（12）把顾客投诉当作个人事情。

（13）凭自己主观判断去处理问题。

（14）事后忘记了向顾客的承诺。

【应用小案例 4-4】

某物流公司为了承接某大型连锁超市的物流配送业务，临近春节物流公司业务代表张某某又去拜访客户，前期的探询、寻找客户需求、陈述产品特性和利益等工作都做得很好，但最后在没有获得任何承诺的情况下，张某某就离开了客户的办公室，为什么他不要求客户签订定单呢？

问题：你觉得张某某的做法有道理吗？为什么？

【思考与练习】

一、单选题

1. 下列不属于物流客户投诉内容的是（　　）。

A. 合同投诉　　B. 质量投诉　　C. 价格投诉　　D. 服务投诉

2. 下列不属于客户投诉的方式（　　）

A. 电话投诉　　B. 现场投诉　　C. 短信投诉　　D. 给别人诉说

二、多选题

1. 下列属于客户投诉的方式（　　）。

A. 电话投诉　　B. 现场投诉　　C. 短信投诉　　D. 信函投诉

2. 下列属于处理物流客户投诉原则的有（　　）。

A. 防止原则　　B. 善待原则　　C. 延迟原则　　D. 专业原则

三、名词解释

客户投诉

四、简答题

1. 物流客户投诉的原因有哪些？
2. 物流客户投诉处理的流程是什么？
3. 物流客户投诉处理的技巧有哪些？
4. 如何减少物流客户投诉？

五、案例分析

某配送中心为当地某超市（简称客户）配送一批价值 50 万元的货物，日前配送客户投诉部接到客户的投诉，称：近日配送中心送来的货物中存在着诸多问题。第一，货物毁损。缺损商品价值为 2 万元，客户要求赔偿。第二，部分货物的品种规格与合同要求不符，因这部分货品是用来做赠品促销的，所以要求配送中心承担因此造成的主产品销售损失 5 万元。第三，送货时间不正确，影响了超市的正常工作。客户投诉部受理投诉后，记载客户投诉内容，将投诉记录交货运部；货运部展开调查分析，调查结果如下：

货物损坏直接责任不在配送中心。原合同约定的到货时间为 5 月 5 日下午 14：00，因故使得到货时间提前两个小时；而客户的装卸员工人手不足，导致货物在卸货过程中出现散落、损伤。经分析，损坏的货物中一半无严重的质量损害，重新整理后不影响销售，预计整理费用为 2000 元；其余部分货品的损失无法挽回，损失金额 1 万元。第二，部分货物确实存在品种、规格与合同要求不符的现象，这部分货物的价值为 1000 元。配送中心管理部门根据调查结果，与客户反复磋商后，提出解决意见：第一，因货物损坏的直接责任不在本公司，所以无法承担其经济损失；但考虑到客户关系的维持和自身的过失，本公司愿主动负担货品的整理费用，或直接从货款中扣除整理费用 2000 元，或代其整理，或派出员工协助整理。第二，错发的货物，有两种解决方法，其一，补发货物，并按合同规定承担损失 200 元；其二，不再补发货物，直接从其货款中扣除该货物价款及赔偿金 1200 元。至于主产品的销售损失，其合同中并未指明货物的用途，也未明确相关损失的赔付问题，所以不给予赔偿。客户投诉部将配送中心的最后意见转达客户，但客户坚持认为货物损坏的直接原因是配送中心的违约和超载，拒不接受配送中心的协商意见，并意欲诉诸法律。

思考：如果你作为配送中心领导，你该如何解决本次投诉。

第五章　物流客户关系维护

☞知识目标

掌握物流客户满意度含义；
掌握物流客客户满意度的影响因素；
掌握物流客户市场流失的原因；
掌握物流客户忠诚度含义。

☞技能目标

能对物流客户满意度进行分析；
能运用各种方法提升物流客户满意度。

【引例】

泰国东方酒店的成功秘密

企业家张先生到泰国出差，下榻于东方酒店，这是他第二次入住该酒店。次日早上，张先生走出房门准备去餐厅，楼层服务生恭敬地问道："张先生，您是要用早餐吗?"张先生很奇怪，反问："你怎么知道我姓张?"服务生回答："我们酒店规定，晚上要背熟所有客人的姓名。"这令张先生大吃一惊，尽管他频繁往返于世界各地，也入住过无数高级酒店，但这种情况还是第一次碰到。张先生愉快地乘电梯下至餐厅所在的楼层，刚出电梯，餐厅服务生忙迎上前："张先生，里面请"。张先生十分疑惑，又问道"你怎么知道我姓张?"服务生微笑笑道："我刚刚接到楼层服务电话，说您已经下楼了。"

张先生回到台湾后，收到东方酒店在他生日时寄来的一张贺卡，上面写道："张先生，你有三年没有到我们东方酒店下榻了，我们全体员工都在想念您。"结果，张先生感动万分，发誓以后到泰国一定要住到东方酒店。

正是因为这些服务，东方酒店成为世界十大酒店之一，要订房起码在三个月之前才能定到。

问题：泰国东方酒店怎样维护客户关系?

第一节　物流客户满意度

物流客户服务是一种增值服务，增加购买者所获得的效用。因此良好的物流客户服务会提高产品价值、提高客户的满意度。

一、物流客户满意度的概念

客户满意就是指客户对所购买的产品或服务可感知的实际感受与他们对产品或服务的期望值之间的比较。客户满意度就是客户满意的度量，由此可见，客户的满意度是由客户对产品或服务的期望值与客户所购买的产品或服务所感知的实际感受这两个因素来决定的。

物流客户满意度就是客户对所购买的物流产品和服务的满意程度，以及能够期待他们未来继续购买的可能性，它是物流客户满意程度的感知性评价指标，是客户的一种心理反应。

客户满意度分为：不满意、满意和非常满意三种类型。如果实际感受低于期望值，客户就会不满意；如果实际感受与期望值相等，客户就会感到一般满意；如果实际感受大于期望值，客户就会非常满意。

对于企业来说，不满意的客户下次就不会再购买企业的产品或服务，一般满意的客户一旦发现有更好更便宜的产品或服务后也会很快地更换企业，只有非常满意的客户才能成为企业的忠诚客户。因此，现代物流企业把追求客户的非常满意作为自己的经营目标。

研究表明，如果客户不满意，他会将其不满意告诉22人，除非独家经营，否则不会重复购买，如果客户满意，他会告诉18人，如果客户非常满意，他会将其非常满意告诉10个人以上，并肯定会重复购买。有人形容“一个非常满意的客户胜过十个推销员”。

【应用小案例5-1】

1973年4月17日联邦快递（FedEx）首次开门营业，它发运了8个包裹，7个是工作人员的试运件。没有想到的是，这成为了一个行业诞生的标志：隔夜速递。尤其令学生们感到兴奋的是，联邦快递的首席执行官是在耶鲁大学的大学论文中勾勒出其运营的早期设想的。1990年，该公司收入共达70亿美元，控制了43%的航空快递市场。

联邦快递有两个宏伟目标：每一次交流和交易都要达到百分之百地客户满意；处理每一个包裹都要百分之百地达到要求。早期，联邦快递将客户满意度和服务表现定义为准时送达包裹所占的百分数。而后，通过多年的客户投诉记录分析，公司发现，准时送达只是客户满意中的一个标准，还有其他因素影响和反映着客户的满意度。

联邦快递总结出，顾客满意度包括应该避免的8种服务失败，具体是：送达日期错误；送达日期没错，但时间延误；发运遗漏；包裹丢失；对客户的错误通知；账单及相关资料错误；服务人员表现不佳；包裹损坏。所以，对客户而言，满意的标准不仅仅只是准时送达。

另外，联邦快递坚持每天跟踪12个服务质量指标，以从总体上衡量客户的满意度。另外，公司每年都要在5个方面进行多次的客户满意度调查：

(1) 每一季对4个细分市场进行客户满意度调查，即电话通知联邦快递的基础业务、美国以外地区递送客户、专人递送中心客户及快件箱客户；

(2) 半年一次的客户满意度调查，即联系曾经使用过联邦快递10项专门性程序，如客户服务、开票及发票调整等之一的客户；

(3) 每年两次的联邦快递中心评价卡的收集、列表，及反馈给每个中心的管理人员；

(4) 对联邦快递的7600个最大客户进行自动化调查，这些客户的业务量占到了公司总业务量的30%，为他们配备自动化系统，进行包裹跟踪和一系列其他自助服务活动；

(5) 每年一次的加拿大客户调查，加拿大是美国以外联邦快递包裹到达最多的国家。

问题：重视客户满意度使联邦快递收获了什么？

二、物流客户满意度的因素

影响客户满意度的因素是多方面的，涉及企业形象、产品、营销与服务体系等各种因素。其中任何一个方面给客户创造了更多的价值，都有可能增加客户的满意度；反之，任何一个方面客户价值的减少，都将降低客户的满意度。影响物流客户满意度的因素有以下五个方面。

(1) 企业因素。

物流是产品与服务的提供者，其规模、效益、形象等在内部或外部表现出来的东西都将影响消费者的判断。

(2) 物流产品或因素。

(3) 营销与服务体系。

物流企业的营销与服务体系是否有效、简洁，能否为客户带来方便，售后服务时间长短，服务人员的态度等都会影响客户满意度。

(4) 沟通因素。

物流企业与客户的良好沟通是提高客户满意度的重要因素。很多时候，客户对物流产品或服务不是很了解，造成使用不当，需要物流企业提供咨询服务，如果沟通不畅，就会产生客户不满意的现象。

(5) 客户关怀。

客户关怀是指不论客户是否咨询、投诉，物流企业都应主动与客户取得联系，对产品或服务等方面可能存在的问题主动向客户征求意见，帮助客户解决以前并未提出的问题，倾听客户抱怨、建议。

三、物流客户服务满意度的方法

1. 提供“个性化”产品或服务

随着消费需求的个性化、多样化发展，客户对能展现个性的产品或服务更加青睐。

在保持一定规模生产的同时，针对不同客户的生产经营特点，为其设计并提供个性化的产品或服务，使其满意，这是终端物流的责任和义务。为此，物流企业必训做到以下几点。

（1）了解客户真正需求。

【应用小案例 5-1】

家装卖家首推“慢递”服务

对于习惯网购的消费者来说，通常都要求物流服务越快越好，但也并非全部如此，例如有网友趁商家打折促销买了一堆建材用品，但装修期却在两个月后。为让参加天猫 11·11 购物狂欢节的消费者享受网购的便利，多个家装品牌推出了可让消费者在 2~4 个月内任何时间进行提货的个性化服务。

问题：生活中，哪些产品或服务能体现人们的个性化需求？

（2）让客户亲自参与产品的设计过程。

【应用小案例 5-2】

澳洲可口可乐的个性服务

可口可乐公司在澳州推出个性化产品服务，可口可乐联合 18 家商场为消费者印上他们想印的名字（例如男女朋友将名字印在一起）。这个过程让客户参与到产品包装的设计，这次活动为澳州可口可乐带来了丰硕的收益和宣传口碑。

（3）提高企业生产的柔性、敏捷性。

（4）做好企业的宣传。让消费者感受到使用产品或享受服务是个人价值的体现。

（5）提供便捷的购物。

（6）提供优质的售后和后续服务。

【应用小案例 5-3】

广告该怎样宣传物流服务优势呢？

上海某快递物流公司为增加品牌效应，董事局决定扩大广告宣传，但在宣传的内容上产生了很大分歧，销售经理认为广告宣传应该如实宣传物流企业优势，财务副总经理则认为应该对物流企业服务优势扩大宣传，而营销总监则认为应该对物流企业的服务优势做有所保留的宣传，面对不同的看法，詹董事长兼总经理陷入沉思。如果你是詹总，你觉得该如何宣传？

问题：不同的宣传结果会如何？

2. 增强客户体验

客户在购买产品或服务时是在接受一种体验。增强客户体验就是增强客户信任感的有效方法。客户体验具体有以下几个内容。

（1）产品层次客户体验。

（2）服务层次上的体验。

（3）感官层次上的体验。

（4）思维层次上的体验。

（5）文化层次上的体验。

【应用小案例 5-4】

电商通过自建物流增强客户体验

目前，第三方配送企业存在上门服务差、商品丢失损毁和货款回收周期长等诸多问题，京东商城、凡客诚品和 1 号店等有条件的电商企业通过自建物流，提升客户体验，进一步提升自身品牌口碑。

问题：日常生活中你有哪些感受深刻的消费体验？

3. 制定服务质量标准

通过调节和引导客户期望值，以适当的产品或服务满足客户需求，有助于提高客户满意度。合理有效的服务质量标准，主要体现在质量标准的可靠性、反应速度上，通常采用 7RS 评价。即企业能在恰当的时间，以正确的货物状态和适当的货物价格，伴随准确的商品信息，将商品送达准确的地点。服务为客户所需要，以适当的产品和服务来满足客户需要，有助于提高客户的满意度。

4. 重视客户关怀

客户关怀是指提供物流服务的企业对其客户从购买服务到购买后所实施的全过程、全方位服务活动，其重点在于客户所关心的产品或服务的质量，主要分为三个方面。

购买前：客户关怀为鼓励和促进客户购买做了铺垫。

购买中：客户关怀可以激发企业为客户提供更全面优质的服务。

购买后：客户关怀促进客户信任的形成和巩固，使客户能够重复购买。

【应用小案例 5-5】

“麦德龙”提高客户满意度的方法

德国麦德龙（Metro）是一家世界著名的零售业集团，它以低价格吸引顾客，同时以会员制、现购自运配售制（C&C）、供应链管理、一定的本土化、创造积极的社会形象、建立强大的销售网点等手段为配合，来提高客户满意度，赢得客户忠诚。其提高客户满意度的一些策略值得学习和借鉴。

1. 客户限定

麦德龙更愿意服务集团采购的客户群。如果麦德龙不限定客户，让所有人全进来，那么运营成本就要增加，管理难度也加大。限定了客户就可以更容易地分析客户的特定需求，增加其喜欢的商品，移去他们不需要的商品。麦德龙只关注目标客户，知道他们需要什么，就可以控制品种数目，提高客户满意度。

2. 主动接近客户

麦德龙认为无论做什么，都不要忘了供应链的另一端是客户，这是最重要的。麦德龙一贯坚持“主动接近客户”的做法，因为整个供应链的运作，都是由顾客来推动的。因而，它能站在客户的角度去思考，提供更加完善的商品和服务。

3. 为客户提供良好的购物环境

“一站购足”的专业客户的超级仓库；新鲜的保证；完善的售后服务；专业的大型手推车；直接邮投；内容详尽的发票；严格的商品质量控制；长时间营业。

4. 为经营人员提供详尽的客户信息

麦德龙的物流信息详尽反映了销售情况，提供销售数量和品种信息。麦德龙的物流信息记录了各类客户的采购频率和购物结构，准确反映了客户的要求动态和发展趋势。

5. 为客户提供贴身服务

麦德龙采取会员制，对其客户（特别是中小型零售商）提供贴身服务，如咨询服务、定期发送资料、组织“客户顾问组”等。对客户购物结构进行分析，同主要客户进行讨论，帮助客户做好生意。

6. 设立专门的客户咨询员

在中国的麦德龙零售商店有15个客户咨询员，他们每天都跑出去拜访客户，了解客户需要与满意度。麦德龙按照客户离商店的路程远近、满意程度的高低，将客户进行分类，对他们进行重点分析和研究。

问题：麦德龙为了提高客户满意度，采取了哪些策略？

四、物流客户满意度评价

1. 统一主体、客体评价的过程和内容

物流客户服务实际上是一个双向的互动过程，包括客户服务需求及其客户服务需求的响应和满意。在具体评价时应根据企业评价与客户评价来具体设计评价指标，使源于企业和客户的指标相统一，真实地反映出客户服务的实际水平。

2. 评价原则

在客户服务评价过程中，有些通用性的准则，主要有：

（1）准确性原则。

（2）过程化原则。

（3）连续性原则。

（4）内部评价与外部评价相结合原则。

3. 物流客户满意度评价方法

物流客户满意度评价方法有许多，如问卷法、协调办公会、专家共评法、技术分析法等等，其中问卷法是最常用的，协调办公会和专业共评法是最有价值的方法。

第二节　物流客户忠诚度

一、忠诚度的概念

客户忠诚营销理论（Customer Loyal，CL）是在流行于20世纪70年代的企业形象设计理论（Corporate Identity，CI）和80年代的客户满意理论（Customer Satisfaction，CS）的基础上发展而来的。其主要内容可表述为：企业应以满足客户的需求和期望为目标，有效地消除和预防客户的抱怨和投诉，不断提高客户满意度，促使客户的忠诚，在企业与客户之间建立起一种相互信任、相互依赖的“质量价值链”。

二、物流客户忠诚度的类型

（1）冲动型忠诚是基于意向的忠诚，也就是说人们倾向于购买。冲动型忠诚的客户决策过程比较简单，非常容易受外在的因素影响，尤其是与价格相关的促销。对于冲动型忠诚者来说，往往竞争对手的一个更优惠的价格促销信息就可能把这类顾客吸引过去。

（2）情感型忠诚是基于偏好的忠诚，人们是因为喜欢而去购买。情感型忠诚的客户决策主要取决于客户对于企业或企业的产品的态度。一位渴望拥有哈雷摩托车的年轻人，可能会一直保持着对哈雷摩托非常强烈的购买意愿，于是身上穿的衣服、戴的手表都是哈雷戴维森品牌的。

（3）认知型忠诚是基于信息的忠诚，认知型忠诚是理性的忠诚。他们通过对于商品的功能特征、性价比等具体信息的了解而产生购买行为。他们很多时候像一个产品专家，他们不仅了解产品的功能，还进行各种资料的收集研究来了解产品的差异性和技术特性，他们甚至比产品销售人员更清楚产品的性能、缺陷等。他们会综合考虑各种因素，最终产生了这个产品更适合自己的认知，从而形成忠诚的购买行为。一旦市场上存在更好的产品，他们也会去仔细研究和比较。

（4）行为型忠诚是基于行动的忠诚，客户已经形成了一种购买惯性。客户为了购买这样的产品往往需要付出努力，或是克服一定的障碍。行为型忠诚的客户，在一定程度上已经形成了购买企业产品的习惯。这样的客户为了购买企业的产品或服务，愿意克服一些障碍，比如愿意为了企业发布的某个新产品排队等待很长时间。

三、客户忠诚度的意义

1. 有利于企业核心竞争力的形成

在现代营销活动中，营销观念是企业战略形成的基础。客户忠诚营销理论倡导以客户为中心，提示企业的营销活动必须围绕这个中心进行，关注客户对企业的评价，追求客户高的满意度和忠诚度，这是市场营销观念的完善和发展。客户忠诚营销理论要求企业将客户作为企业的一项重要的资源，对企业的客户进行系统化的管理，借助于客户关系管理软件的应用，获取客户的相关信息，并将之作为企业战略决策的基础。实践证明，倡导客户忠诚所形成的核心竞争力将会在企业的经营活动中得以体现。如上海三菱电梯有限公司从

1998年开始导入客户满意观念，2000年末将其提升为客户忠诚。他们首先在企业内部开展内部营销，使内部客户满意，这是因为要满足外部客户的需求，首先要让内部客户满意。然后从电梯这个特殊产品出发，以用户满意的合同为主线，从产品设计、制造、安装到维修、持续跟踪、落实用户各项需求；其次，从用户需求导入，实施质量功能展开（QFD），并列入公司方针目标，通过定期的用户满意度和忠诚度调查，将用户需求转化为产品质量特性，从而创造客户持续的忠诚。上海三菱电梯的产量、销售额、市场占有率、利润等多项经济指标连续在全国同行业中名列榜首。

2. 对企业业务流程和组织结构将产生重大的影响

客户忠诚营销的实施工作是企业的一项系统性的工程，它要求企业建立以忠诚度为基础的业务体系，合理分配和利用资源，进行以客户为核心的客户关系管理，在企业的销售自动化、市场营销自动化、客户服务三大领域中实现客户关系管理，它对企业现有的业务流程将会带来影响。同时，客户忠诚的实施也是对企业现有的组织结构的挑战，它要求企业内部形成一个自上而下的便于客户关系管理工作开展的畅通的信息传播体系，改变以往那种相互分割的状况，使组织能对客户的信息做出迅速的反映。

3. 有利于提高企业员工的凝聚力

在客户忠诚营销理论中，客户的涵义是广泛的。它不仅指企业的外部客户，也指企业的内部员工。客户忠诚一方面是要追求外部客户对企业的忠诚度，同时，也要追求企业员工的忠诚。从某种意义上说，员工的忠诚具有重大作用，企业的产品和服务是通过员工的行为传递给客户的，一位对企业有着较高忠诚度的员工，无疑会努力用自身的良好行为，为企业的客户提供满意的服务，从而感染客户，赢得客户对企业的忠诚。因此，在企业中倡导客户忠诚观念，对员工实施关怀，给员工提供展现个人能力和发展的空间，会极大地提高员工的工作激情，形成巨大的凝聚力。

4. 有利于推动社会的“诚信”建设

以客户满意为起点，以客户忠诚为经营活动的目标，就可以促进企业不断地追求更高的目标，为社会创造更多的令公众满意的物质财富。同时，企业以客户为中心的理念的贯彻，可以带动企业建立起诚实守信的经营机制，增强全体员工的服务意识和道德意识，从而杜绝各种制假售假、欺瞒诈骗的违法行为，为促进社会风气的好转发挥积极的作用。

四、如何提高物流的忠诚度

做好客户服务，提高客户忠诚度有十大方面，企业只有把握好了这些方面，才能真正地获得服务为产品带来的附加价值。

1. 努力提升物流企业产品质量

产品质量是企业开展优质服务、提高客户忠诚度的基础。世界众多品牌产品的发展历史告诉我们，消费者对品牌的忠诚在一定意义上也可以说是对其产品质量的忠诚。只有过硬的高质量产品，才能真正在人们的心目中树立起“金字招牌”，从而受到人们的爱戴。当然仅有产品的高质量是不够的，合理地制定产品价格也是提高客户忠诚度的重要手段。企业要以获得正常利润为定价目标，坚决摒弃追求暴利的短期行为；要尽可能地做到按客户的“预期价格”定价。所谓“预期价格”，是大多数消费者对某一产品的“心理估价”。如果企业定价超出“预期价格”，消费者会认为价格过高，名实不符，从而削弱购买欲望；如果企业定价达不到“预期价格”，消费者又会对产品的性能产生怀疑，进而犹豫不买。

【应用小案例 5-6】

广告该怎样宣传物流服务优势呢？

在美国航空业流传着这样一个故事：西南航空公司遇到了一位误了班机的乘客，而该乘客要去参加该年度最重要的商务会议。于是，他们专门调拨了一架轻型飞机，将该乘客送往目的地。正是这样竭尽全力“讨好”乘客的法宝，使这家原本不起眼的小航空公司跻身于美国前四大航空公司之列。

航空业是资本密集型行业，用在飞机上的费用数量是十分巨大的。另外，航空公司还必须提供顶级的服务。航班延迟、行李丢失、超额订票、航班取消以及不能为乘客提供优质服务的员工等情况都会使乘客迅速疏远某个航空公司。对有些企业来讲，“以顾客为中心”只不过是一句口号而已。然而在西南航空公司，这却是一个每天都在追求的目标。比如，西南航空公司的员工对顾客的投诉所做出的反应是非常迅速的：有五名每周需要通过飞机通勤到外州医学院上学的学生告诉西南航空公司说，对他们来说最方便航班是哪个，却还是使他们每次要迟到 15 分钟。于是，为了适应这些学生的需要，西南航空公司就把该航班的起飞时间提前了整整一刻钟。

问题：西南航空公司是怎样提供优质服务的？

2. 要及时更新物流企业产品或服务

企业必须要让服务人员完全充分地了解企业的产品，传授关于产品的知识和提供相关的服务，从而让企业赢得客户的信赖。同时，服务人员应该主动地了解企业的产品、服务和所有折扣信息，尽量预测到客户可能会提出的问题。

3. 了解物流业客户的需求

企业应该尽可能地了解相关客户的情况，这样你就可以提供最符合他们需求和消费习惯的产品和服务。和他们交谈，倾听他们的声音，这样你就不难找到使他们不满的根源所在。当客户对服务提供者相互了解后，如企业了解客户的服务预期和接受服务的方式等，服务过程就会变得更加顺利，时间也会缩短，而且服务失误率也会下降。由此，为每个客户提供服务的成本会减少，反过来企业的利润就会增加。企业常陷在自己的世界里，就会察觉不到客户的实际感受。花些时间站在另一个角度上，或当一次竞争对手的客户，对企业会有很大的帮助。

4. 提升物流企业产品或服务质量

企业的每位员工，都应该致力于为客户创造愉快的购买经历，并时刻努力做得更好，超越客户的期望值。要知道经常接受企业服务而且感到满意的客户会对企业做正面的宣传，而且会将企业的服务推荐给朋友、邻居、生意上的合作伙伴或其他人。他们会成为企业“义务”的市场推广人员。许多企业，特别是一些小型企业，就是靠客户的不断宣传而发展起来的。在这种情况下，新客户的获得不再需要企业付出额外的成本，但显然又会增加企业的利润。

5. 不断提高物流企业客户满意度

客户满意度在一定意义上是企业经营“质量”的衡量方式。通过客户满意调查、面谈等，真实了解企业的客户目前最需要的是什么，什么对他们最有价值，再想想他们能从你提供的服务中得到这些认知的最好的做法。但是，除了销售活动、售后服务和企业文化等因素外，客户满意度的高低还会受法律等其他一些强制性约束条件的影响。对于那些由于心理特性和社会行为方式而背离曾经忠诚过的企业的客户，放弃无疑是企业的最佳选择。从这个意义上讲，企业应该尽可能地提高客户满意度，而非不惜一切代价致力于让全面的甚至极端的客户满意。

6. 要不断超越客户期待

不要拘泥于基本和可预见的水平，而向客户提供渴望的甚至是意外惊喜的服务。在行业中确定“常规”，然后寻找常规以外的机会，给予超出“正常需要”的更多的选择。客户是会注意到你的高标准服务的。也许这些可能被企业的竞争对手效仿，但企业只要持续改进就一定不会落于人后。

7. 物流企业尽量满足客户个性化要求

通常企业会按照自己的想象预测目标消费者的行动。事实上，所有关于客户人口统计和心理方面的信息都具有局限性，而且预测模型软件也具有局限性。因此，企业必须改变“大众营销”的思路，注意满足客户的个性化要求。要做到这一点就必须尽量占有客户信息，利用各种可以利用的机会来获得更全面的客户情况，包括分析客户的语言和行为。如果企业没有持续地了解客户，或者未能把所获得的客户信息融入执行方案之中，就不可能利用所获得的客户知识形成引人注目的产品或服务。

8. 物流企业要及时有效地处理客户问题

要与客户建立长期的相互信任的伙伴关系，就要善于处理客户的抱怨或异议。有研究显示，通常在25个不满意的客户中只有一个人会去投诉，其他24个则悄悄地转移到了其他企业的产品或服务上。因此，有条件的企业应尽力鼓励客户提出问题，然后再设法解决其遇到的问题。

有研究显示：一个最好的客户往往是受过最大挫折的客户。得到满意解决的投诉者，与从没有不满意的客户相比，往往更容易成为企业最忠诚的客户。一般而言，在重大问题投诉者中，有4%的人在问题解决后会再次购买该企业产品，而小问题投诉者的重购率则可达到53%，若企业迅速解决投诉问题，重购率将在52%和95%之间。

当然，客户满意度并不等于客户忠诚度。不满意的消费者并不一定抱怨，而仅仅会转向其他企业。但是，客户忠诚度的获得必须有一个最低的客户满意度作为基础。客户的抱怨可以成为企业建立和改善业务的最好路标。客户能指出你的系统在什么地方出了问题，哪里是薄弱环节，客户能告诉企业产品在哪些方面不能满足他们的期望，或者企业的工作没有起色。同样，客户也能指出企业的竞争对手的优势，或企业员工在哪些地方落后于人，这些都是人们给咨询师付费才能获得的内容和结论，而善于利用的企业则由此获得了一笔免费的财富。

9. 物流企业要让购买程序简单

企业无论在商店里、网站上还是企业的商品目录上，购买的程序越简单越好。简化一切不必要的书写、填表步骤，去帮助企业的客户找到他们需要的产品，解释这个产品如何工作，并且做任何能够简化交易过程的事情，制定标准简化的服务流程。

10. 物流企业要重视服务内部客户

所谓内部客户是指企业的任何一个雇员。每位员工或者员工群体都构成了对外部客户供给循环的一部分。如果内部客户没有适宜的服务水平，使他们以最大的效率进行工作，那么外部客户所接受的服务便会受到不良影响，必然会引起外部客户的不满甚至丧失外部客户的忠诚。如果企业对这一问题不给予足够的重视，势必会导致较低的客户忠诚度和较高的客户流失率，最终导致企业赢利能力降低。

其实，每个企业都在不同程度上知道拥有忠诚的顾客是好事。可是究竟忠诚的顾客对于企业来说有多少价值，可能绝大多数的企业并不知道。企业惯常所使用的会计利润常常掩盖了忠诚客户的价值。会计中的销售收入只能告诉我们量的概念，却缺少质的表达——即无法告诉我们收入中的哪一部分来自忠实的老顾客，更无法让我们知道，一个忠诚顾客的一生将给企业带来多少价值。

研究表明，企业经营的大部分情况下，顾客的利润预期与其停留的时间成正比。失去一个成熟的顾客与争取到一个新顾客，在经济效益上是截然不同的。哈佛学者以美国市场为研究对象，发现在物流服务业，流失一位老顾客所产生的利润空洞起码要三位新客户才能填满。同时，由于与老客户之间的熟悉、信任等原因使得服务一个新顾客的成本和精力要比服务一个老客户大得多。

第三节　物流客户关系管理的意义

物流客户关系管理对于企业的市场营销活动是至关重要的，它可以大规模、全方位收集、分析客户信息，能够为市场营销提供越来越丰富的数据资源；通过客户调查、测试结果，能够使企业对新产品、新市场等有准确的定位，从而在正确的时间、以正确的价格，向正确的客户销售正确的商品；辅助物流企业提高服务水平，提供主动、完善的服务。

一、物流客户关系管理重要性的体现

1. 有效整合客户的关键信息

记录客户的详细信息以及以往与客户的联络情况，包括客户档案管理、联络记录管理等。其中客户档案除包括客户名称、所属行业、地址等基本信息，还将客户按不同标准分类，以便于对客户信息准确把握和物流需求预测；联络记录详细记载了每次与客户联系的时间、方式、情况、结果等，这些信息的记录都是为了在对客户进行进一步联络时更加具有针对性，使专门与客户打交道的部门能够随时得到与客户相关的资料，真实和全方位地了解客户。

同时对客户资料进行分析、处理和归档，在信息技术的支撑下，使企业既能根据客户的特点提供服务，又能对客户的盈利性进行评估。

2. 为客户提供个性化产品/服务，增加客户对企业的忠诚度

物流企业能够将其服务业务扩展到互联网上，使客户能够通过 internet 选择并购买具有个性化配置的产品或服务，真正实现定制的个性化服务。客户通过浏览网页了解感兴趣的产品，提出服务请求、查阅产品常见问题的答案、在线订购所需服务并检查服务状况、查看和支付账单等。物流企业通过客户的购买服务的数据，能够针对不同客户创建个性化的促销和服务建议，并通过 internet 向客户发出这些建议。例如，当一位客户通过企业的网页购买了物流服务方案后，销售系统会记录下客户购买和浏览过的服务内容，当他再次进入企业的网页时，系统识别出他的身份后就会根据其喜好推荐有关物流方案。客户浏览的次数越多，系统对他的了解就越多，也就能更好地为他服务。显然，这种有针对性的服务对维持客户的忠诚度有极大帮助。

3. 提高售前工作的效率和质量

对有关物流基础方案的信息机销售、库存等情况的查询、分析，可以使营销人员能够对市场营销活动有效地加以计划、执行、监视和分析。根据客户需求设计和分发宣传品，对有购买意向的客户跟踪、分配和管理等。这些功能可帮助企业实施针对性强、效率高的市场营销活动，从而争取和保留更多的目标客户。

4. 企业对市场条件的变化做出即时反应

物流客户关系管理搜集、积累了大量与客户服务及产品销售有关的数据，在此基础上能够提供完善的数据挖掘、分析能力，根据历史记录预测未来他们的购买意向及市场销售的趋势。包括竞争对手档案管理等信息，详细记录竞争对手的优势与不足，用来帮助营销人员在制定营销战略时扬长避短，从而最终在竞争中获胜。这为企业在改进客户满意度和企业自身盈利、扩展新的市场和商业渠道、缩减销售周期和销售成本方面均提供了全方位和强有力的支持。

二、客户服务的目标体现

客户服务反映了一种新型的营销理念，也是物流客户关系管理的主要载体，旨在改善与优化企业与客户之间的地位。主要实施于企业的营销、服务与技术支持等与客户有关的领域。其目标一方面是通过提供更快速周到的优质服务吸引和保持更多的客户，另一方面是通过对企业业务流程的全部重组和管理，降低企业成本。其实施目标体现在以下几个方面。

1. 通过提供更快速和周到的服务吸引和保持更多的客户

利用客户服务系统，企业能够从与客户的接触中了解他们的名称、企业年限、经营状况、企业性质、财务水平、购买频率、通信地址、个人喜好及购买习惯等信息，并在此基础上进行“一对一”的个性化服务。通过搜集、追踪和分析每一个客户的信息，知道客户需要什么，为他们量身定做产品，并把客户想要的产品和服务送到他们手中。这就是随着市场不断细分而最终出现的大规模定制市场营销原则的精髓，即根据不同的客户建立不同的联系，并根据其特点和需求提供不同的服务，从而真正赢得客户的“忠诚”。

2. 通过对业务流程的全面管理降低企业的成本

通过对客户信息的管理和挖掘，不仅有助于现有产品的销售，而且提供了对历史信息的回溯及对未来趋势的预测，能够很好地实现企业与客户之间的互动。举例来说，企业能够依据不同顾客过去的购买行为，分析他们的不同偏好，预测他们未来的购买意向，据此分别对他们实施不同的营销活动，避免大规模广告的高额投入，从而使物流企业的营销成本降到最低，而营销的成功率较高。

3. 客户服务的自动化

客户服务的实现，是由于现代通信技术的完善。通过电话呼叫中心能够及时提供服务，包括业务受理、客户投诉等服务的完全自动化。客户只需拨打一个统一的电话号码即能得到“直通车”式的服务。电话呼叫中心将每一事件从申报、受理、调度、处理的每一个环节完全控制在事先编排好的计算机逻辑中，并通过计算机进行跟踪、控制。一方面避免了人为等因素造成的障碍，提高了服务质量；另一方面明确了每个相关部门、每个员工的职责，将复杂的物流业务纳入了统一的管理轨道。

三、物流客户关系管理技巧

1. 利用网络技术

在与物流客户交流方式变革的过程中，技术是关键性的驱动因素。如网络，当它将信息系统连接在一起时，就可以通过应用服务提供商对其进行远程管理，电子邮件已成为常用的交流方式。

几乎各地的互联网用户都能接收到电子邮件，不存在兼容问题。其优势体现在以下几点。

邮件的开放性。通过发送和传递信息来改变人们的信息接受来源，可以引起客户对企业网站的兴趣。

（1）电子邮件是即时的。它是实时的媒介，几秒内就可以发送给所有成员、潜在客户和已有客户，可以进行即时反馈和迅速采取后续措施。

（2）成本较低。其成本仅为邮寄和电话的一小部分，而且对于接收方也很方便。物流企业可以大大降低客户交流费用，也可以拥有更多的机会与客户进行更多的交流。

（3）电子邮件的可衡量性。人们可以很容易地衡量和跟踪其效果，并清楚地区分发挥作用和没发挥作用的电子邮件，利用这些数据可进行方案再细化、提高电子邮件的相关性和服务水平。

2. 通过长期交流建立客户关系

同新客户或已有客户建立关系时，也是企业品牌与客户的交流，要注意如下原则：客户信息表要简短，即时兑现价值，让客户了解企业的诚意，确保随后的交流与了解的客户信息具有相关性，为交流建立信任基础。

建立客户关系的基本过程如图 5-1 所示。

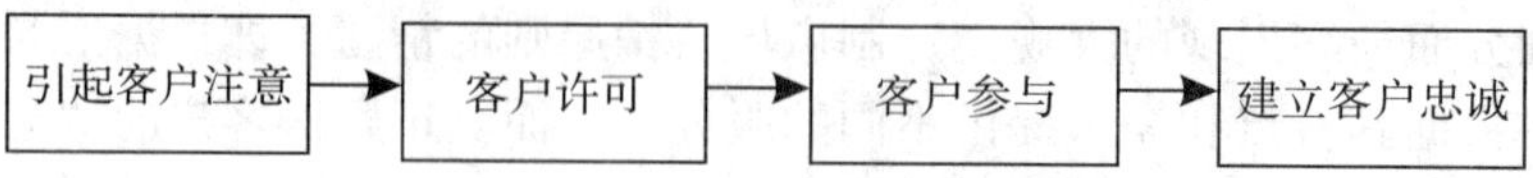

图 5-1　建立客户关系的基本过程

考虑客户与企业品牌进行客户分类，选择引起客户注意的方式。在客户注意后，接下来需要说服客户，让他们相信本物流企业是最适合建立合作关系的企业，要求他们参与，并说明能给他们带来方便和有价值的营销计划。建立客户忠诚首先要尽可能得到客户的认可，听取客户的意见并通过服务人员进行反馈，从中获取额外的信息，提高个性化交流和服务水平。

3. 建立个性化联系

与客户进行个性化交流，要了解各个客户群存在的差异，以及他们的实际需求。个性化交流的特点有以下几点。

（1）针对性。通过收集潜在客户或已有客户的兴趣和行为数据，对客户群进行细分，分辨出哪些是价值客户，并向其提供特定信息。

（2）个性化。在发送针对性信息时，要确定信息的内容和个性化的程度。

（3）适时性。要确定何时与客户进行个性化交流及沟通比较适宜。

4. 完善物流营销服务策略

（1）售前服务策略。

①发布产品信息及教授相关知识，培养消费需求。积极发布信息，介绍物流服务产品的特色，宣传物流知识，培养购买物流服务的观念等。设置畅通的渠道让客户了解服务方案信息，同时对客户资料保密，增强客户的购买信心，提高其满意度。

②利用网络展示物流服务产品形象，激发客户购买欲望。物流作为一种服务，无法满足

物流服务购买者实际接触商品的要求，可以应用网络展示服务过程，跟踪物流服务流程，使客户能够感受到服务的存在，全面了解企业提供的物流服务。

（2）售中服务营销。

①开展定制营销，满足个性化的需求。有些企业可以由客户自主决策进行定制，在不影响产品性能和物流技术允许的条件下，可设计多种备选方案，让客户能够进行个性化的选择。

②建立实时沟通系统。及时、快捷的信息发布系统，能够及时地将企业的各种信息传递给客户。因此，需要加强与客户在情感及文化上的沟通，并随时收集、整理、分析客户的意见及建议。如快速高效的用户查询系统，使得客户能够随时了解货物的踪迹，向客户传递了可靠的信息。

③提供个性化的服务。个性化物流服务包括：服务时空的个性化，在客户希望的时间和地点提供服务；物流服务方式的个性化，根据客户的具体要求提供服务；物流服务内容的个性化，根据不同客户、不同需求提供不同的物流服务。

（3）售后服务策略。

①建立客户数据库，积极管理客户关系。物流企业应重视已有的与潜在的客户资源，建立客户数据库，积极主动地管理客户关系，提高客户的忠诚度。

②良好的自动服务系统，能够提高客户满意度。在客户购买物流服务后的最后评估阶段，满意度取决于其实际所得的效用和预期的效用的差额或比值。因此，给客户一个合理的预期效用，并尽量使其充分认识到实际所得效用都是很重要的。在售后服务中，主动适

时地提供客户服务，是提供客户满意度的重要途径。

【思考与练习】

一、名词解释

1. 客户满意

2. 物流客户忠诚度

二、简答题

1. 如何提高物流客户满意度？

2. 提高物流客户满意度的方法有哪些？

3. 如何提高物流客户忠诚度？

4. 物流客户关系管理的技巧有哪些？

三、案例分析

上海友谊集团为客户提供的个性化物流服务

上海友谊集团物流有限公司是由原上海商业储运公司分离、改制出来的。公司的主要物流基地处于杨浦区复兴岛，设施齐全，交通便捷，拥有一支专业技术人员队伍，长期储存国家重点储备物资和各类日用消费品，积累了物流管理的丰富经验。20 世纪 90 年代初，其为联合利华有限公司提供专业的物流服务，并与其建立了良好的物流合作关系。

合作的过程中，友谊物流为联合利华提供了个性化的物流服务，具体做法如下：

（1）改变作业时间。

由于联合利华采用 JIT（即时制生产方式），要求实现“零库存”管理，不能提前也不能推迟。提前将造成车间原料积压，影响生产；推迟将使车间流水线因原料短缺而停产。因此，友谊物流改革了传统储运的惯例，实施 24 小时作业制和双休日轮休制，以此满足市场和客户对物流服务的需求，保证了全天候物流服务。

（2）更改作业方式。

友谊物流根据不同商品、流向、需求对象，实行不同的作业方式。

在商品入库这一环节上，针对联合利华公司内部无仓库的特点，友谊物流采取了两条措施来确保其商品迅速及时地入库。

商品出库是仓库保管与运输配送两个业务部门之间在现场交接商品的作业，交接优劣直接影响商品送达到商店（中转仓）的时效性和正确性。为了提高车辆的满载率，将几十种品种及相邻近地区需要的产品，首先进行组配成套装车，送入市内，华东地区的采用货车以商店为单位组合装车；发往中转仓的商品，采用集装箱运输。

（3）仓库重新布局。

在商品布局上，友谊物流将联合利华的储备库、配销库分离。储备库储存的物资包括各种原料、半成品、广告促销品、包装材料、退货品等；配销库则按商品大类进行分区分类管理。

（4）商品在库管理。

友谊物流对联合利华的所有在库商品实施批号、项目号管理，确保商品的先进先出，保持商品的较长保质期，确保库存商品质量安全，最大限度地保护消费者的利益。

（5）流通加工。

根据市场需要和购销企业的要求，对储存保管的一些商品，进行再加工包装，满足市场需要，提高商品附加值。流通加工作业在物流企业内进行，能把需要加工的商品最大限度地集中，可以节省人力和时间成本。

（6）信息服务。

及时将库存信息传送给联合利华，使联合利华能够随时了解销售情况及库存动态。

（7）退货整理。

退货与换货作业是物流企业对客户的后续服务。专门设立了退货整理专仓，将各地的退货全部集中，组织人员整理，分类，集中处理。解除了顾客对能否退货的后顾之忧，改善供求关系，提高供应商成品的完好率。

（8）为客户提供个性化的服务。

物流需求方的业务流程各不一样，一项独特的物流服务能给客户带来高效、可靠的物流支持，使客户在市场中具有特别的竞争优势，友谊物流是通过向客户提供个性化的服务，使客户满意而获得成功的。

1. 联合利华的生产特色对其物流管理有哪些要求？

2. 为了对联合利华进行个性化服务，友谊物流在哪些方面进行了怎样的改革？这些改革是如何满足联合利华的要求的？

第六章　物流重点客户关系管理的实施

☞知识目标

认识重点客户的特点及其价值评价；
掌握现代划分物流客户的基本方法；
掌握个性化服务的内涵。

☞技能目标

能运用个性化服务满足重点客户的需求的能力；
能运用数据库做好客户管理的能力；
能对物流客户进行分类的能力。

【引例】

内蒙古通辽市盛达贸易公司：抓大拉小

重点客户很重要，丢了一个，市场可能就乱了，企业就难以为继；小客户同样不能忽视，丢几个我们照样会“肉疼”。因此，我们的做法是抓大拉小。

抓大，与大客户签订好购销合同，给予政策倾斜，加强情感交流，我们可以适当增加大客户的促销品投放比例，使其可以通过营业推广来促进销售；我们可以适度增加广告力度，为其创造一个良好的销售环境；我们还应经常同其交流，吃顿饭、聊聊天，通过情感投放使其得到精神上的支持。

拉小，对小客户要帮扶，派优秀的业务人员对其经营进行指导，开拓其销售思路，增进其销售业务。业务员要与其常交流，多了解其困难，并在力所能及的范围内帮其解决，使其有一种受关怀的感觉。

当然，这样做有一个前提，那就是无论企业是否赔赚，都要让经销商赚到钱。

第一节　物流客户等级的划分

在当今激烈的市场竞争中，客户已经成为企业最需要的资源，谁拥有了客户，谁就赢得了客户，谁就赢得了利润。然而客户不同，给予企业的贡献也不同，甚至少量客户做出的贡献占据物流收入的大部分；如果采用相同的处理方法，可能会导致大客户和重点客户的流失。因此，有必要针对大客户和重点客户进行必要的重点管理，以防止出现客户的流失。管理的前提就是要对客户进行分类，针对各类不同的客户采用不同的策略。

在客户生命周期内，根据客户价值大小把客户分为核心客户、重点客户、一般客户。企业可以进一步根据这些分类采取有针对性的管理对策。

核心客户：因为他们为企业带来最大比例的收益，所以是重点进行客户管理的对象，其总的价值创造将接近于70%。

重点客户：其创造价值比例约为20%，客户数量比例约为20%。

一般客户：次于重点客户与核心客户的其他零散客户。

常用客户等级划分方法包括ABC分类方法与成对比较分析法。

一、ABC分类方法

ABC分类法是由意大利经济学家维尔弗雷多·帕累托首创的。1879年，帕累托在研究个人收入的分布状态时，发现少数人的收入占全部人收入的大部分，而多数人的收入却只占一小部分，他将这一关系用图表示出来，就是著名的帕累托图。该分析方法的核心思想是在决定一个事物的众多因素中分清主次，识别出少数的但对事物起决定作用的关键因素和多数的但对事物影响较少的次要因素。后来，帕累托法被不断应用于管理的各个方面。1951年，管理学家戴克（H. F. Dickie）将其应用于库存管理，命名为ABC法。1951年~1956年，约瑟夫·朱兰将ABC法引入质量管理，用于质量问题的分析，被称为排列图。1963年，彼得·德鲁克（ P. F. Drucker）将这一方法推广到全部社会现象，使ABC法成为企业提高效益的普遍应用的管理方法。ABC分类法又称帕累托分析法，也叫主次因素分析法，是项目管理中常用的一种方法。它是根据事物在技术或经济方面的主要特征，进行分类排队，分清重点和一般，从而有区别地确定管理方式的一种分析方法。由于它把被分析的对象分成A、B、C三类，所以又称为ABC分析法。

二、ABC分类法的基本程序

ABC分类法的基本程序包括以下四个步骤。

1. 开展分析

开展分析即按分析对象和分析内容收集有关数据。包括确定构成某一管理问题的因素，收集相应的特征数据；分析主要影响因素数据和次要影响因素数据。以库存控制设计的各种物资为例，如拟对库存物品的销售额进行分析，则应收集年销售量、物品单价等数据。

2. 计算整理

计算整理即对收集来的数据资料进行整理，按要求计算和汇总，主要包括计算特征数值，特征数值占总体数值的百分数、累计百分数；因素数目及其占总因素数目的百分数、累计百分数。

根据一定分类标准，进行ABC分类，列出ABC分析表。各因素的划分标准，并无严格规定。习惯上常把主要特征值的累计百分数达70%~80%的若干因素称为A类，累计百分数在10%~20%区间的若干因素称为B类，累计百分数在10%左右的若干因素称C类。

3. 绘制 ABC 分析图

以累计因素百分数为横坐标，以累计主要特征百分数为纵坐标，按 ABC 分析表所提供的数据，在坐标图上取点，并联结各点曲线，则绘成 ABC 曲线。

按 ABC 分析曲线对应的数据，按 ABC 分析表确定 A、B、C 三个类别的方法，在图上标明 A、B、C 三类，则制成 ABC 分析图。

4. 实施对策

实施对策是"分类管理"的过程。根据 ABC 分类结果，权衡管理力量和经济效果，制定 ABC 分类管理标准表，对三类对象进行有区别的管理。

三、成对比较法

1. 成对比较法的含义

成对比较法也称相互比较法，就是将所有要进行评价的客户价值放在一起，两两成对比较，继而划定客户价值等级。

2. 成对比较法的基本做法

成对比较法基本做法是将每一位客户按照所有的评价要素与其他客户进行比较。在运用成对比较法时首先要列出一个表，其中标明所有需要进行被评价的客户及需要评价的所有价值要素。然后将所有客户依据某一类型要素进行成对比较。

第二节　物流重点客户的个性化服务

一、个性化服务

个性化服务是一种有针对性的服务方式，根据用户的设定来实现，依据各种渠道对资源进行收集、整理和分类，向用户提供和推荐相关信息，以满足用户的需求。从整体上说，个性化服务打破了传统的被动服务模式，能够充分利用各种资源优势，主动开展以满足用户个性化需求为目的的全方位服务。

在网络环境下，个性化服务是一种网络信息服务的方式，这种服务方式的实现主要是根据用户的设定，借助于计算机及网络技术，对资源进行收集、整理、分类、分析，向用户提供和推荐相关信息，以满足用户对信息的需求。开展网络个性化服务是提高信息服务质量和信息资源使用效益的重要手段，突出了信息服务的主动性，开拓了信息服务的新思路。从整体上说，个性化服务打破了传统的被动服务模式，能够充分利用网络资源优势和各种软件优势，主动开展以满足用户个性化需求为目的的全方位服务。

个性化服务是"以用户为中心"的服务，根据用户提出的明确要求，或通过对用户个性、习惯的分析主动向用户提供其可能需要的信息和服务。简言之，个性化信息服务是指针对不同用户的不同特点提供不同服务策略和服务内容。个性化信息服务主要包括两个方面的含义：一是信息服务方式的个性化，即根据个人的爱好或特殊需要进行服务；二是信息服务内容的个性化，即让人们从个人的职业、兴趣等方面获得信息。

实现过程是首先建立个性化的用户动态需求模型；搜索、挖掘符合模型需求的相关信息；按照特定主题，将搜索挖掘到的信息进行过滤、加工和组合，整合成相对完整的信息集合，并以在线或离线的形式主动发送给用户或服务代理，实现信息支持；按照特定主题，融合、激活信息集合，产生新的提供问题解决方案的知识，并主动发送给用户，实现决策支持，这也是较高级的个性化信息服务。

二、物流企业的重点客户个性化服务

如果说个性化服务在以往的运输服务中仅仅是一种空泛、理想化的营销思路的话，那么在当代综合物流实践中，个性化服务就已经成了一种关乎企业生存的营销观念。物流企业的个性化服务属于实践性极强的课题，应视为现代物流项目运作中的一项重要的原则。

1. 需求个性化决定服务的个性化

应当说现代物流的个性化服务趋势，是现代物流业营销观念逐步走向成熟的必然结果。这种营销观念要求百分之百地满足置于最核心的位置；但这并不等于说传统的货运服务不把满足客户需求作为自己的服务目的，只是传统的运输服务在具体运行时往往受到观念、体制和模式上的种种局限，不可能将个性化服务做得十分精致，那是一种以满足大众需求为基本前提的服务。这就好比生产服装的厂商为实现产销的规模化可以在流水线批量生产某种规格和款式的服装。这里的问题是：当这些服装还处在生产过程中的时候，它们的消费者（客户）仅仅存在于厂商的假定之中，并不具体，等到产品上了柜台，消费者才可以从中选择适合自己的产品。在这里，个体消费者的需求虽然千差万别，但在这些产品面前，他们的选择却被限定在生产厂商事先假定好的框架内，这就势必会有不少消费者无法在市场上买到自己称心甚至适合自己的产品。生产厂商的用意并不错，他们也想尽可能满足消费者的多种需要；但如此大规模的经营格局，如此格式化的生产模式，迫使他们根本无法将视点定格在每一个具体的消费者身上，这就十分类似以往的传统运输服务。传统运输的运行模式是事先设定的，客户只能被动的适应这种模式，这其中肯定会有一定数量的客户个体被排斥在外，这一点显然与市场的发展趋势是背离的。现代物流则要求纵深渗透，与客户自身的运行融为一体，这就必须以客户具体要求作为提供服务的基本前提，也就是以需求的个性化来决定服务的个性化。这时的物流企业只能打破自身固定的运行模式，专门为不同的客户设计并提供一整套运行流程和操作方案，以完全适应客户的实际需求，这就如同服装厂商真正做到为每一位个体消费者量体裁衣、度身定制。

2. 与客户亲密结盟

在现代物流服务过程中，物流服务的提供者与客户之间显然是一个利益共同体，物流运作所带来的利润应当是客户经济效益的一部分。换言之，客户一旦选定了物流服务的提供者，同时也就选定了取得更好效益的手段。互利双赢，这是双方之间结成牢固同盟的最终结果。这就要求物流企业与客户之间的接触是一种互融的关系，而不仅仅是叠加的关系，这是个性化服务最重要的本质特征。虽然物流运作从根本上说并不直接涉及产品生产本身，是一种生产流程的延伸和辅助，又是整个生产过程的一个有机组成部分，不但不可或缺，而且是生产厂商得以提高经济效益的一个重要因素。因此，一个成功的物流合作项目往往意味着一个双赢的利益共同体的形成。事实证明，物流企业对客户介入得越深，双方契合得越完美，个性化服务的特征也就越鲜明，所得到的利益也就越大。上海中远国际货运有限公司（以下简称上海中货）与上海通用汽车公司合作的 CKD 物流项目就充分印证了这一观点的正确性。这种合作的直接成果是：生产利润和效率的最大化以及成本控制的理想化。

3. 个性化服务模式的可变性和程序性

现代物流的个性化服务并不排斥将操作过程置于某种模式之中，它反对的只是将服务程序置于一种僵硬化、模型化和单一化的境地。与传统服务相比，其中最大区别是：由静态到动态中的，由等候反馈到积极追踪。现代物流的个性化服务模式是处在一个随时变化的状态中的。不妨设想一下：产品市场的变化吞灭了订单的变化，订单的变化带来了流水线节奏的变化，而流水线节奏的变化必定会带来物流运作上的变化。所以，现代物流的服务模式必须具备一种极好的应变性能，以适应多种突如其来的变化。正是这种良好的应变性，才使得物流的个性化服务产生了实际意义：完全融入客户的计划和运行中，上海中货为上海通用汽车专门设计的服务模式，具有强大的追踪和调控功能，能够随时应付各种变化，从而将厂商从巨大的仓储、配送和资源匮乏的压力下解放出来。必须指出的是这种根据个性化原则设计出来的服务模式从本质上说以客户为中心理念的产物，其中的个性化特色体现在全方位的客户倾斜过程中。较之以往传统服务中运输企业一味以自我为中心，被动等待客户来适应的僵硬模式，显然，个性化服务模式更加有利于服务朝着精品化方向发展。由此可见，各种个性化服务的竞相推出，必将成为未来物流市场竞争的主流趋势。

4. 个性化服务与行业特色

物流企业是否必须了解、熟悉服务对象的运行状况、行业特色和生产规律？这一问题在传统服务中是存在的，因为在传统服务中运输企业与客户只在门外接触，双方并不互相渗透。企管系仅仅是“物理”意义上的。然而在个性化服务中物流企业首先遇到的就是如何尽快地了解对方、熟悉对方，以便在未来的服务流程中很好地体现服务对象的行业特色和运行规律。因为，在个性化服务状态下，物流企业与客户之间是相互渗透、有机结合为一体的，其关系是“化学”意义上的。在某种程度上说，物流企业以一个同盟者的身份介入到个性化服务对象的内部营运之中，并与对方同步运作。

物流企业深入客户内部的真正用意是什么呢？仅仅是为了与对方取得运行节奏上的和谐吗？事实上，在这个过程中现代物流企业做到了以往产品服务根本无法做到的事情，就是意外地发现和了解到服务对象内部存在着的原先并未察觉到的种种管理上和成本控制上的疏漏和黑洞，由此可以提前挖掘到对方潜在的需求。上海通用汽车进口零件从成套报送变为散件报送，从而大幅度降低成本的典型个例，正是上海中货深入其内部，在个性化服务中挖掘到客户潜在需求的结果。

三、物流企业个性化服务的策略

现代营销学认为，随着社会的进步，人们的消费观念和消费方式经历了从基本消费时代到理性消费时代，直到目前的感性消费时代三个重要的阶段。感性消费时代最大的特点就是，人们在购买商品时常常诉诸情感，逐渐摒弃了“从众心理”而转向“求异心理”。感性消费时代为企业的市场开拓提出了更高的要求，最明显的是，传统营销学小的市场细分原理遭到了市场的冷落。这是因为情感因素的加入使得原本简单的问题复杂化了，同样的商品，同样的质量、价格，顾客可以用“不喜欢”给予否定。于是，个性化服务大行其道也就不足为奇了。

1. 与顾客结盟

实行个性化服务，从营销管理上来看，就是把市场细分微型化，甚至把单个顾客作为一个细分市场。因此，企业必须改变以往“自己生产什么，顾客就买什么”的观念，变成“顾客需要什么，我就生产什么”。这样与顾客建立长期而密切的联系就变得十分必要了。

以个性化服务而著称的美国戴尔公司，把与顾客结盟作为公司战略中的重要组成部分。戴尔公司总裁说道：“很多公司只从单一角度与顾客建立关系。而我们与顾客所建立的直接联系，这让我们可以兼顾成本效益及顾客组成的顾问小组讨论业绩和存在的问题。”该航空公司甚至派销售经理到新泽西州的纽瓦克机场，在新顾客登机时与他们交谈。公司总裁说：“我们又回到了过去与顾客交谈的日子。”

能够及时得到顾客的指导。现代的顾客中，很大一部分是各个方面的专家，他们最了解产品存在的不足，最清楚今后的发展趋势。及时收集这方面的意见和建议，才能留住更多的回头客。专家型的顾客扮演着前导指示的角色，告诉市场的走向，提供各种点子。拜顾客为师，企业才能在个性化服务中精益求精，以超越现有产品和服务，为顾客提供更大的附加值。

2. 实施供应链管理

实行个性化服务遇到的一个很大问题，就是如何在保持大规模生产方式的“快”的特点，同时满足每个顾客的需求。此外，还有一个问题是成本上升，产品品种增多、款式多样，必然带来一个生产成本升高的问题，解决这一问题的一个重要途径就是实施供应链管理。

供应链管理的基本概念是建立在这样一个合作信念之上的，即它能够通过分享信息和共同计划使整体物流效率得到提高。供应链管理使渠道安排从一个个松散地联接着的独立企业群体，变为一种效力于提高效率和增强竞争力的合作力量。在本质上，它是让一个个独立参与者进行存货控制，变为一种渠道整合和管理。供应链管理的背后动机是增强渠道竞争力。把单个企业为顾客提供服务转变为结成一个个性化服务链。美国莱维公司的例子最为典型。作为一家生产牛仔裤的著名企业，每天晚上，它通过电子数据交换系统，收集主要零售商西尔斯公司及其他主要零售点销售的牛仔裤尺寸和型号。然后莱维公司通过电脑网络向纤维布供应商米利肯公司订购制造这些牛仔裤的纤维织布。接着，米利肯公司又向其纤维供应商杜邦公司订购一定数量的纤维。首先是通过这种方法，供应链条中的所有参与者都运用先进的电脑网络得到销售信息，生产出即时销售的产品，而不是去盲目生产那种有可能与需求脱节的产品。在此基础上，莱维公司 1998 年就推出了一项服务，使顾客能自己选择自己合身的尺寸、式样和颜色。它能生产近 170 万种不同的牛仔裤来满足不同层次顾客的喜好。这样做的好处是，减少了库存，相应也就降低了成本。其次是改变了传统的大规模生产中“先生产、后销售”的生产推动型的生产模式，变成以客户提出的个性化需求为生产起点的需求拉动型的生产模式，提高了个性化服务的敏捷性和满意度。在这方面，福特公司也行动起来，进行资产重组，调整结构，收购著名品牌，改变资产管理，用外部供应链取代本公司的制造业，利用因特网把推动销售模式改为拉动销售模式，把一家旧经纪公司改造成一个机构精简的新经济企业。

3. 以“网”取胜

网络的出现，是个性化服务产生的基础。因为个性化服务是在消费者提出需求后才开始产生的，因此与先于需求的大批量生产相比存在时间上的劣势。在个性化服务与大批量生产并存的阶段，企业是否能够缩短向顾客提供产品和服务的时间，是能否取得全面竞争优势的关键。此外，网上联系也是企业得到顾客需求信息不可或缺的渠道。互联网为全球企业供应链提高运作效率、扩大商业机会和加强企业间协作提供了更加强大的手段——电子商务平台。如果企业能在很好地规划运作内部资源的同时，整合其所具有的外部资源，如供应商、代理商、承运商等，将提高其生产、采购及交货计划的准确性，从而能在快速应对市场的同时，提高对客户销售及服务承诺的准确性与实时性。

以美国的一家小企业——量子循环公司为例，该公司通过个性化服务在巨人的阴影下创造了一个特殊需求市场。在发现哈利—戴维森汽车公司的摩托车客户常常花成千上万美元改装新买的摩托车以后，量子公司决定让顾客们从一开始就能这样做。顾客们可以在网上或经销商那里选择座位、把手和油漆的颜色。结果是顾客以出厂价买到了定做的摩托车。戴尔计算机公司推广了一种使顾客自己设计个人电脑的互动在线系统。顾客从一系列的性能、元件、价格和送货方式中选择。根据这种选择向供货商的制造系统发出指令，制造系统开始启动采购、装配和送货的过程。顾客已经能利用戴尔公司的在线配置系统，在存储能力、硬盘能力、调制解调器等方面进行各种选择，得到多达一千六百多种组合。每种选择都有花多少钱和省多少钱的确切数字，顾客很容易得到额外的具体信息。结果是，顾客很满意，戴尔的配置系统使顾客的需要与产品性能完全一致，而不必像在通常情况下顾此失彼。戴尔公司也很满意，因为没有必要处理积压的未售产品。实际上，戴尔手头的库存从来没有超过六天的用量——在电脑的产品价值不断因为技术变化而下跌的行业，这是一个重要优势。

在这方面，传统产业并非无用武之地。福特公司已经利用它的现有电子数据交换系统与第一层供应商（指制造大型集成系统、座椅或车轮的公司）进行顺利的沟通。同时，与第二层供应商（指为第一层供应商提供不见的公司）的交流也加快了速度。油漆制造商将利用基于因特网的供应链得到相关的信号，与福特公司供应链中任何其他公司一样生产更多种颜色油漆。汽车的生产不会由于合适的油漆颜色短缺而推迟。

一个大型 B2B 商务中心，使得来自福特公司、通用汽车公司和戴姆勒—克莱斯勒公司这些老竞争对手的经理们以甚至几年前还闻所未闻的方式进行合作。B2B 使他们走到了一起，雷诺——日产汽车公司的经理们也会很快加入他们的行列。这个 B2B 商务中心由这些大汽车公司共同持股。它希望成为世界上最大的 B2B 商务中心，将于为会员公司提供产品的五万多家未来供应商联网。

美国明尼苏达州的窗户制造商安德森（Anderson）开发了一种名为“知识之窗”的系统，该系统构造了五万多种可能的窗户元素组成的图标结构，由分销商与最终用户合作设计窗户。这个系统能够自动生成报价单和详细的制造说明书，并将订单直接传送到加工厂。公司的加工系统可以做到将定制产品连夜送给分销商。总之，为顾客提供个性化服务对企业来说是一个巨大的系统工程。企业要在深刻了解顾客需求的基础上，利用电脑网络技术，提高服务的敏捷性和准确性。要达到这一目标，与上下游有关企业联盟、组成快速反应链是十分必要的。

【应用小案例 6-1】

浙江丝绸之路集团是全国最大的丝绸生产商之一，计划要将其物流配送业务外包。(你若是湖州华安物流公司客户经理，该如何处理？理由是什么?)

浙江丝绸之路集团发出物流配送招标公告。（你若是湖州华安物流公司客户经理，该如何处理？理由是什么?)

浙江丝绸之路集团宣布湖州华安物流公司与湖州一通物流公司等六家公司参与竞标。(你若是湖州华安物流公司客户经理，该如何处理？理由是什么?)

湖州华安物流公司竞标成功，承接了浙江丝绸之路集团的丝绸商品 2009 年的物流配送业务。(你若是湖州华安物流公司客户经理，该如何处理？理由是什么?)

湖州华安物流公司在丝绸商品物流配送业务中发现与浙江丝绸之路集团的生产、销售等部门的衔接常常出现问题。（你若是湖州华安物流公司客户经理，该如何处理？理由是什么?)

浙江丝绸之路集团的丝绸商品物流配送业务占湖州华安物流公司总业务量的 35%，公司高层常常想该怎样做才不会失去这笔业务呢？（你若是湖州华安物流公司客户经理，该如何处理？理由是什么?)

第三节　数据库——重点客户管理的利器

将数据与客户的管理与营销联系，在欧美已经得到了广泛的应用。在中国大陆，也已经开始呈现出“燎原之势”。包括 DM（Dirrect Mail，定向直邮）、EDM（Email DM，电子邮件营销）、E-Fax（网络传真营销）和 SMS（Short Message Server，短消息服务）等在内的多种形式数据库营销手段，得到了越来越多的中国企业的青睐。其中 EMD 已被国内中小型公司、网店、网站等广泛使用，部分得到初步发展的企业已开始自建 EDMSYS 平台，而第三方的营销平台也在蓬勃发展。可以说，数据库营销迎来了一个黄金发展时期。

一、数据库概论

数据库（Database）是按照数据结构来组织、存储和管理数据的仓库，它产生于 1951 年雷明顿兰德公司引发的数据库管理革命，随着信息技术和市场的发展，特别是 20 世纪 90 年代以后，数据管理不再仅仅是存储和管理数据，而转变成用户所需要的各种数据管理。数据库有很多类型，从最简单的存储由各种数据的表格到能够进行海量数据存储的大型数据库系统，都在各个方面得到了广泛的应用。

之所以越来越多的企业开始选择数据库营销，这与它相对传统营销所具有的独特优势是密不可分的。

（1）可测度。数据库营销是唯一一种可测度的广告形式。你能够准确地知道如何获得客户的反应以及这些反应来自何处。这些信息将被用于继续、扩展或重新定制、调整你的营销计划。而传统的广告形式（报纸、杂志、网络、电视等）只能面对一个模糊的大致的群体，究竟目标人群有多少却无法统计，所以效果和反馈率总是让人失望。正如零售商巨头 Wanamaker 说过："我知道花在广告上的钱，有一半被浪费掉了，但我不知道是哪一半。"

（2）可测试性。数据库营销就像科学实验，每推进一步，都可以精心地测试，其结果还可以分析。假设你有一间酒吧，可以发出一封邮件，宣布所有光临的女士都可以免费获得一杯鸡尾酒。而在另一封邮件中，你可以宣布除周六、周日外所有的顾客都可以获得 8 折优惠。在进行一段时间的小规模测试后，计算哪一封邮件产生的回报最高，之后就运用获得最佳反映的方案进行大规模的邮寄。不管企业的大小如何，只要运用适当的形式，都可以进行小规模的测试，以便了解哪种策略最有可能取得成功。

（3）降低成本，提高营销效率。数据库营销可以使企业集中精力于更少的人身上，最终目标集中在最小消费单位的个人身上，实现准确定位。目前美国已有 56%的企业正在建立数据库，85%的企业认为他们需要数据库营销来加强竞争力。由于运用消费者数据库能够准确找出某种产品的目标消费者，企业就可以避免使用昂贵的大众传播媒体，可以运用更经济的促销方式，从而降低成本，增强企业的竞争力。据有关资料统计，运用数据库技术进行筛选消费者，其邮寄宣传品的反馈率，是没有运用数据库技术进行筛选而发送邮件宣传品的十倍以上。

（4）获得更多的长期忠实客户。权威专家分析，维持一个老顾客所需的成本是寻求一个新顾客成本的一半，而要是一个失去的老顾客重新成为新顾客，所花费的成本则是寻求一个新顾客成本的 10 倍。如果比竞争对手更了解新顾客的需求和欲望，留住的最佳顾客就更多，就能创造出更大的竞争优势。用数据库营销与消费者经常保持沟通和联系，可以维持和增强企业与消费者之间的感情纽带。另外，运用储存的消费者记录来推测其未来消费行为具有相当的精确性，从而使企业能更好地满足消费者，建立长期的稳定的客户关系。

（5）企业制胜的秘密武器。在传统市场营销中，运用大众传媒（报纸、杂志、网络、电视等）大规模地宣传新品上市或实施新的促销方案，容易引起竞争对手的注意，使他们紧跟其后推出对抗方案，势必影响预期的效果。而运用数据库营销，可与消费者建立紧密关系，一般不会引起竞争对手的注意，避免公开对抗。如今，很多知名企业都将这种现代化的营销手段运用到自身的企业，将其作为一种秘密武器运用于激烈的市场竞争，从而在市场上站稳了脚根。

随着经济的日益发展和信息技术对传统产业的改造，物流客户的个性化需求的满足成为可能，中国加入 WTO 以后，物流企业也将面临更加严峻的形势，如何在这场强敌环伺的较量中胜出，需要全方位的提升物流企业的竞争力——物流企业增强客户信息管理能力，利用数据库是未来的必然选择，也促使企业最终走向 CRM。

物流企业在不断成长的过程中，会逐渐积累起相对稳定的重点客户群体，这一群体将是企业发展的重要因素。因此，分析好、维护好属于自己的重点客户显得非常重要，建立重点客户数据库，就是一个有效的方式。目前基于PC的数据库系统应用已经走向成熟。

企业通过建立的客户数据库，在信息处理分析的基础上，可以研究客户购买产品的倾向性，当然也可以发现现有经营产品的适合客户群体，从而有针对性地向客户提出各种建议，并更加有效地说服客户接受物流企业的新产品。

建立客户数据库的理由显而易见，随着市场竞争的激烈程度与日俱增，企业自己的客户群体已经成为企业赖以生存的基础。不能很好地跟踪客户的变化，不能提前研究出客户的发展趋势，就很难把握向已有客户销售的好时机。归纳起来，建立客户数据库的理由有以下几点。

①建立重点客户数据库可以帮助企业准确地找到目标消费群体。

②帮助物流企业在最合适的时机以最合适的产品满足重点客户的需要，从而降低成本、提高效率。

③帮助企业根据最新信息和结果制定出新策略，以增强企业的环境适应性。

④发展新的服务项目促进企业发展，并促成购买过程简单化，提高客户重复购买的几率。

⑤运用数据库建立企业与消费者的紧密联系，从而建立稳定、忠实的重点客户群体。

二、数据库是客户关系管理（CRM）的基础

21世纪，对于物流企业而言，有两个方面最为重要，一是企业品牌，二是顾客的满意度，但顾客的满意和忠诚不是简单的削价可以换来的，也不是通过折扣、积分等暂时的经济利益可以买来的，要靠数据库和顾客关系管理系统，从与顾客的交流互动中更好地了解顾客需求来实现。

（1）数据库管理作为20世纪90年代一种方兴未艾的管理形式，包含了关系营销的观念，着重于给顾客提供全方位的持续的服务，从而和客户建立长期稳定的关系；同时和现代信息技术、网络技术组合，利用计算机信息治理系统来充分地建设和利用客户数据库，而且，强大而完善的数据库是未来网络营销和电子商务的基础。

（2）未来的物流企业重点客户关系与数据库紧密结合。忠诚、持久而稳定的重点顾客群成为物流企业最宝贵的资源，国外93%的公司首席执行官认为“顾客资源”是企业成功和更具有竞争力的最重要的因素。物流企业发展的关键是争取和留住顾客，满足消费者个性化的需求，和顾客建立互相信任的稳定的双向沟通的互动关系。传统的只是单向被动地适应消费者的方式已经过时，这种慢一拍的市场跟进不仅不能享受到高额利润，在这个快速变化的社会往往对企业而言还可能是致命的。现代企业的各个部门将被高度整合起来，以顾客为中心，追求顾客的终身价值。

（3）CRM作为新一代的客户关系管理系统，把企业的销售、市场和服务部门等部门整合起来，有效地把各个渠道传来的客户信息集中在一个数据库里。公司各个部门之间共享这同一个客户数据库，发生在这个客户上的各种接触，无论是他何时索要过公司简介，还是他曾经购买过产品都记录在案，每个与这一客户打交道的部门经手人可以很容易地查询到这些数据，让这个顾客得到整体的关怀。从中我们也可发现，CRM系统的基础是一个数据完备、功能完善的客户数据库在营销中的整体功能发挥。

三、数据库客户关系管理的运作程序

一般来说，数据库客户关系管理一般经历数据采集、数据存储、数据处理、寻找理想消费者、使用数据、完善数据等六个基本步骤。

（1）数据采集。数据库数据一方面通过市场调查物流企业客户消费记录以及促销活动的记录；另一方面利用公共记录的数据，如人口统计数据、医院婴儿出生记录、患者记录卡、银行担保卡、信用卡记录等都可以有选择性的录入数据库。

（2）数据存储。将收集的数据，以重点客户为基本单元，逐一输入电脑，建立起重点客户数据库。

（3）数据处理。运用先进统计技术，利用计算机把不同的数据综合为有条理的数据库，然后在强有力的各种软件支持下，产生产品开发部门、营销部门、公共关系部门所需要的任何详细数据。

（4）寻找理想重点客户。根据使用最多类客户的共同特点，用电脑勾画出某产品的客户模型，此类客户具有一些共同的特点，比如兴趣、收入。以专用某品牌的一组客户作为营销工作目标。

（5）使用数据。数据库数据可以用于多个方面，如根据客户特性指定营业推广的方法；根据重点客户的使用需要，开发新服务项目；根据重点顾客的消费特性，有效地制作广告。因此，数据库不仅可以满足信息需要，而且可以进行数据库经营项目开发。

（6）完善数据。随着物流服务的发展，对重点客户的数据收集及处理，并根据客户的发展，不断完善和充实数据库。

四、数据库用于重点客户关系管理的实际应用

数据库营销是企业通过收集和积累重点客户大量的信息，经过处理后预测重点客户需要物流服务的情况，并利用这些信息有针对性制定营销策略。通过数据库的建立和分析，各个部门都对顾客的资料有具体全面的了解，可以给予顾客更加个性化的服务支持，使"一对一的顾客关系管理"成为可能。

从全球来看，数据库正越来越受到企业管理者的青睐，在维系顾客、提高销售额中扮演着越来越重要的作用。

1. 市场预测

客户数据库的各种原始数据，可以利用"数据挖掘技术"和"智能分析"在潜在的数据中发现盈利机会。根据顾客年龄、性别、人口统计数据和其他类似因素，对顾客购买某一具体货物的可能性和所需要的物流服务做出预测；能够根据数据库中顾客信息特征有针对性地判定营销策略、促销手段，提高营销效率。

2. 分析每位顾客的盈利率

事实上，对于一个企业来说，真正给企业带来丰厚利润的顾客只占所有顾客中的20%~30%，他们是企业的重点客户，盈利率是最高的，对这些顾客，企业应该提供非凡的服务、折扣或奖励，并要保持足够的警惕，因为竞争对手也是瞄准这些顾客发动竞争攻击的。然而绝大多数的企业的顾客战略只是获取顾客，很少花精力去辨别和保护他们的最

佳顾客，同时去除不良顾客。利用企业数据库中的具体资料我们能够深入到信息的微观程序，加强顾客区分的统计技术，计算每位顾客的盈利率，然后抢夺竞争者的最佳顾客，保护好自己的最佳顾客，培养自己极具潜力的顾客，驱逐自己最差的顾客。通用电气公司的消费者数据库能显示每个顾客的各种具体资料，保存了每次的交易记录。他们可以根据消费者购买的历史记录，来判定谁对公司和新式家用电器有偏好，能确认谁是公司的大买主，并给他们送上价值 30 美元的小礼物，以促使他们产生下一次购买的欲望。

3. 数据库是 CRM 的基础

CRM 系统主要包括销售自动化、营销管理、客户服务和支持、客户呼叫中心、网络功能等几个模块。它的实质是充分发挥市场、销售、服务三大部门的作用，并且使三个部门能充分共享顾客信息，打破各部门之间的信息堡垒的封锁，从而使各个部门以一个企业的整体形象出现在顾客面前。在企业前端 CRM 系统背后，其实就是一个功能强大的顾客服务数据库，存储了顾客的各种资料及交易行为，并能利用各种数学分析模型对这些数据进行深层次挖掘，对顾客的价值和盈利率进行分析。可见，在实施 CRM 过程中，将企业原有的顾客历史数据整理有序化，输入数据库，搭建好一个完整的数据库是基础。

光收集大量的客户信息还远远不够。成败关键取决于是否利用这些信息针对个体客户制定出适合的服务政策。

肯·罗布的营销秘密是当他的顾客来商场采购时，他十分了解这些顾客想要买些什么。这一点连同超市所提供的优质服务的良好声誉，是迪克连锁超市对付低价竞争对手及类别杀手的主要防御手段。迪克超市采用数据优势软件（Data Vantage），是一种由康涅狄格州的关系营销集团（Relationship Marketing Group，RMG）所开发的软件产品，对扫描设备里的数据加以梳理，即可预测出其顾客什么时候会再次购买某些特定产品。接下来，该系统就会“恰如其实”地推出优惠价格。

它是这样运作的：在迪克超市每周消费 25 美元以上的顾客每隔一周就会收到一份定制的购物清单。这张清单是由顾客一样的采购记录及厂家所提供的商品现价、交易政策或折扣共同派生出来的。顾客购物时可随身携带此清单，也可以将其放在家中。当顾客到收银台结账时，收银员就会扫描以下印有条形码的购物清单或者顾客常用的优惠俱乐部会员卡。无论哪种方式，购物单上的任何特价商品都会被自动予以兑换，而且这位顾客在该店的购物记录会被刷新，生成下一份购物清单。

“这对于我们和生产厂家都很有利，因为你能根据顾客的需求定制促销方案。由此你就可以做出一个与顾客商业价值成正比的方案。”罗布说。

迪克超市还依靠顾客特定信息，跨越一系列商品种类把订制的促销品瞄准各类最有价值的客户。比如，非阿司匹林产品（如泰诺）的服用者可以被分成三组：全国性品牌，商店品牌和摇摆不定者。这些组中每组顾客又可以根据低、中、高用量被分成三个组次。用量就代表着在某类商品中顾客对迪克超市所提供的长期价值（仅在这个产品种类中，就有 6 个“模件”，产生出总共 9 种不同类型的顾客，这足以发动一次批量定制营销活动了）。假设超市的目标是要把泰诺用户转变成商店品牌的用户，那么罗布就会将其最具攻击性的营销活动专用于用量大的顾客，因为他们最有潜在价值。给予大用量顾客的初始折扣优惠远高于给予低用量和中等用量的顾客。促销活动的时间会恰好与每一位顾客独有的购买周期相吻合，而对这一点，罗布通过分析顾客的以往购物记录即可做出合理预测。

“顾客们认为这太棒了，因为购物清单准确地反映了他们要购买的商品。如果顾客养有狗或猫，我们就会给他提供狗粮或猫粮优惠；如果顾客有小孩，他们就可以得到孩童产品优惠，比如尿布及婴幼儿食品；常买很多蔬菜的顾客会得到许多蔬菜类产品的优惠。”罗布说，“如果他们不只在一家超市购物，他们就会错过我们根据其购物记录而专门提供的一些特价优惠，因为很显然我们无法得知他们在其他地方买了些什么。但是，如果他们所购商品中的大部分源于我们商店，他们通常可以得到相当的价值回报。我们比较忠诚的顾客常会随同购物清单一起得到价值为30~40美元的折价券。我们的目标就是回报那些把他们大部分的日常消费都花在我们这儿的顾客”。

有时可以通过获取其他相关单位的赞助，来尽量减少折扣优惠所造成的经济损失；反过来，这些单位可以分享你不断收集到的信息资讯。以迪克超市为例，生产厂商会给与绝大多数的打折商品补贴。作为整个协议的一部分，生产厂家可以获得从极为详尽的销售信息中所发现的分析结果（消费者名字已去除）。这些销售信息的处理加工均是由关系营销集团进行的，这家公司不但提供软件产品，而且还提供扫描数据采掘服务。

虽然频次营销和优惠卡计划是用于收集顾客资讯的有效途径，但常常遭到滥用，造成不利于自己的结果。一对一营销商的首要任务就是识别和区分客户，所以在零售业，像迪克超市那样的频次营销计划可能会成为一种不可或缺的辅助工具。它激励个体在每次踏进店门就“举起手来申明身份”，以期获得打折服务。频次营销计划的实际运作还提供了一个与顾客互动交流的良好平台，这种互动可以通过信函进行，也可以通过收银台抑或网上进行。

【思考与练习】

一、名词解释

1. ABC分类法
2. 成本比较法
3. 个性化服务
4. 数据库

二、简答题

1. 如何为物流企业的重点客户提供个性化服务？
2. 物流企业个性化服务的策略有哪些？
3. 简述数据库客户管理的运作程序？

三、案例分析

海尔客户服务战略

作为家电行业的骄子，海尔以其卓越的技术、优良的品质、遍及全国的服务网点，创造了中国家电业的一个时代。然而，市场是不断变化的，在近几年来，价格战似乎成了国内许多行业自救的最后一根稻草。然而，这种饮鸩止渴的做法不但不能救活企业，最终带来的是行业整体的亏损和质量的下降，最终导致的只能是行业衰落的命运。在这场战争中不乏冷静之人。海尔根据市场需求特点，走出一条 B2B 个性化服务之路，在中国家电业再次掀起“海尔旋风”。海尔个性化服务的主要思想就是“我的冰箱我设计”、“你来设计，我为你制造”。这种 B2B 式的个性化服务体现了以消费者为核心的思想，这也是海尔多年“以人为本”的思想在网络时代的重放光彩。通过强大的 B2B 商务网络，海尔把自己与商家、与消费者之间距离大大缩短，千千万万梦想着有自己喜欢的冰箱的消费者自己能够来设计，从而让海尔在网上带给消费者一颗火热的心。自海尔推出 B2B 网上定制以来，在不到一个月的时间中，海尔就获得了一百多万台来自全国各地大商场的定制订单，各订单在款式、功能、色泽上的要求各不相同。西单商场是首家获得海尔个性化冰箱的商家，该商场通过 B2B 定做的近千台个性化冰箱上柜后，很快销售一空，价格尽管一分没降，但销售速度却是少有的快速。这一 B2B 模式能让商家们各自对消费者的调查成为真正反映消费者心理的手段，把消费者提升到一个更重要的地位。北京蓝岛大厦以前出售的波轮式洗衣机洗完衣服后常常使衣服缠在一起，他们在海尔定做了一种要洗衣中心和波轮中心错位的洗衣机，这种洗衣机完美地解决了上述缺点，并且保持了原洗衣机的优点，在商场很快售空。

北京及地方上不少商场纷纷向海尔签订单要求“个性化”冰箱。北京翠微大厦表示，他们打算向海尔定制走向成人家庭式、单身贵族式、家庭保姆式、清凉宝宝式等各种冰箱以满足不同消费者的要求。在 B2B 中，个性化服务是根植于消费者本身的偏好的，海尔在这一理念指引下走出了 B2B 之路；但这只是第一次，在技术成熟后，海尔还打算进军 B2C 领域。目前，海尔网上 B2B 交易已超过十亿元人民币，并以惊人的速度谱写着新的神话。

问题：海尔是如何提供个性化服务的？

第七章　物流客户服务质量管理

☞知识目标

掌握物流客户服务的定义；
了解物流客户服务质量体系的内容；
掌握物流客户服务绩效评价的方法。

☞技能目标

能灵活运用物流服务质量体系进行服务质量管理；
能够对物流客户服务进行绩效评价。

第一节　物流客户服务质量概述

对物流企业来说，构筑完善的物流客户服务质量管理体系，来保证和控制物流客户服务全过程的高质量，提供让客户满意的服务是取得竞争优势的保障。企业发现问题、找出差距和提高物流客户服务的效率对企业的生存有着重要的意义。

一、客户服务质量简述

质量对服务来讲，如同它对有形产品一样，具有生命的意义。从某种程度上来讲，服务质量的意义更广泛，其原因有四点：一是服务质量的内涵与评价标准因服务产品不同而表现出极大的差异性；二是对服务质量的认可不仅是产品的制造者，社会质量监察部门，更重要的是产品的消费者；三是对同一服务产品的质量认识并不完全相同；四是消费者对服务质量的评价不仅要考虑服务的结果，而且更注重服务过程的质量。因此，服务质量的构成要素、形成过程、考核依据和评价标准均有别于有形产品。

同时，客户服务与客户满意常常容易被人相混淆，其实客户满意是指客户对产品和服务可感知的效果，是对产品和服务的全方位的评价。客户服务的质量直接影响着客户满意度。客户服务单位目标是要求完美。研究表明如果有 1 个客户对企业的产品和服务产生抱怨，企业就会失去 19 个潜在客户。如果对客户的抱怨处理得当，可以提高客户的忠诚度。对于物流企业来说，客户服务是从接受订单开始到将商品送达客户手中的整个过程，而不只是其中的一个环节。

20 世纪 60 年代以来，许多学者对服务质量的定义进行了大量的探索。每一种都有其优点和不足。在此，我们引起国际标准化组织（ISO）对质量的定义：质量是反映产品或服务满足（或隐含）需要能力的特征和特征的总和。依照上诉定义，我们认为以下通俗说法更容易理解。

服务质量是产品生产的服务业满足规定或潜在要求（或需要）的特征和特征的总和。特征是用来区分不同类别的产品或服务，特征则是用来区分同类服务中不同的规格、档次、品味的服务。物流客服的质量管理可以理解成按照法定及物流服务交易双方的约定，达到双方约定的服务指标对物流对象的质量保护。

1. 物流对象的质量保护

物流对象的保护包含：（1）数量保护。（2）质量保护。（3）防止灾害。

2. 物流服务质量

物流服务质量是物流质量管理的一项重要内容，这是因为物流业有极强的服务性质，物流业属于第三产业，说明其性质主要在于服务。所以，整个物流的质量目标，就是其服务质量。服务质量因不同用户而要求各异，这就需要掌握和了解用户要求。

一般来讲，物流服务普遍体现在满足用户要求方面，这一点难度是很大的，各个用户要求不同，这些要求往往超出企业的能力，要实现这些服务要求，就需要企业有很强的适应性及柔性，而这些又需要以强大的硬件系统和有效的管理系统支持。

当然，对服务的满足不能是消极被动的，因为有时候用户提出的某些服务要求，由于“交替损益”的作用，会增大成本或出现别的问题，这对用户实际是有害的，盲目满足用户的这种要求不是高服务质量的表现。物流承担着的责任是积极、能动地推进服务质量。

3. 物流工作质量

工作质量指的是物流各环节、各工种、各岗位具体工作的质量。为实现总的服务质量，要确定集体的工作要求，以质量指标形式确定下来则为工作质量目标。这是将物流服务总的目标质量分解成各个工作岗位可以具体实现的质量，是提高服务质量所做的技术、管理、操作等方面的努力。

工作质量和物流服务质量是两个有关联但却大不相同的概念。物流服务质量水平取决于各个工作质量的总和。所以，工作质量是物流服务质量的某种保证和基础。重点抓好工作质量，物流服务质量也就有了一定程度的保证。

4. 物流工程质量

物流工程是流通领域及其他物流活动领域的工程系统。对流通领域而言，物流工程是这一领域独特的工程系统，主要作用质量是支持流通活动，提高活动的水平并最终实现交易物的有效转移。

物流工程是支持物流活动的总体的工程系统，可以分成总体的网络工程系统和具体的技术工程系统两大类别。实际上，任何物流企业的物流运作，包括第三方物流企业接受外包的物流运作，不可能是空手运作，必须依靠有效的工程系统来实现这种运作。当然，工程系统有可能是自建的，世界上有很多大型物流公司都有自己的仓库、配送中心、机场、货机等工程设施；有些则需要依靠组织的办法来利用别人提供的工程设施。国家建设的物流设施基础平台，就是这么一种基础的工程设施。

很明显，工程设施的水平和质量，可以从根本上决定物流的水平和质量，采用大型集装箱联合系统之后，就基本杜绝了物流过程中单件货物的丢失，就是工程系统所起作用的实例。对于生存企业而言，其内部的物流很难利用国家提供的基础工程设施的平台，也很难利用社会上营业性的工程设施，在这种情况下就需要自己建设一套工程系统。这一套物流工程系统将会是决定企业物流水平非常重要的基础设施。

所以，和产品生产的情况类似，物流质量不但取决于工作质量，而且取决于工程质量，优良的工作质量对于物流质量的保证程度，受制于物流技术水平、管理水平、技术装备。优质的物流质量，是在整个物流过程中形成的，要想能“事前控制”物流质量，预防物流损失，必须对影响物流质量的诸因素进行有效控制。

很明显，提高工程质量，是进行物流质量管理的基础工作，能提高工程质量，就能做到“预防为主”的质量管理。

二、物流客户服务质量

物流服务指的是物流渠道中的专业化物流中间人，以签订合同的方式，在一定时期内，为其他公司提供的所有或某些方面的物流业务服务。物流客户服务作为一种无形的特殊产品，其生存过程是一个有顾客直接参与的过程。物流客户服务质量的内涵包括以下内容：

（1）物流客户服务质量是顾客感知的对象。

（2）物流客户服务质量是在服务生产和交易过程中的每一个环节表现出来的。

（3）物流客户服务质量既要有客观方法加以规定和衡量，很多地要按照客户主观的认识加以衡量质量检验。

（4）物流客户服务质量的提高需要内部形成有效管理和支持系统。

从以上内容我们不难看出，物流客户服务产品与有形产品在其质量内涵上是有差异的，主要表现在以下几个方面。

（1）顾客评价物流客户服务质量的主要标准（预期服务质量）更多一些，评价难度更大。

（2）顾客对物流客户质量的认识主要取决于他们预期与实际所感受到的服务水平的对比。

（3）顾客对物流客户服务质量的评价不仅看服务的结果，更注重评价的过程。

显而易见，顾客对物流客户质量的评价高低取决于他们预期与实际感知的服务质量的差距的大小。

预期服务质量是指顾客对物流客户服务企业所提供服务预期的满意度。感知物流客户服务质量则是顾客对物流客户服务企业所提供的服务实际感知的水平。如果顾客对服务实际感知水平符合或高于其预期水平，则顾客获得较高的满意度，从而认为企业具有较高的服务质量；反之，则会认为企业服务质量较低。

顾客先入为主的预期服务质量标准直接影响到顾客对整体服务的认识。如果预期质量过高，不切实际，即使从某种客观意义上说他们所接受的服务水平很高，他们仍然会认为企业的服务质量低。

现代物流管理的实质就是以客户满意为基础，向物流需求方即客户有效地、迅速地提供产品。因此，在企业经营战略中首先应确立客户服务的目标，使服务实现差别化战略。

客户服务是发生在买方、卖方及第三方之间的一个过程，这个过程使交易中的产品和服务实现增值。这种增值意味着双方都得到价值的增加，从过程管理的观点上，物流的客户服务是通过节省成本费用为供应链提供重要的附加价值的过程。

要形成一个基本的服务平台，正确地识别客户服务非常重要，对所有的客户提供明确的服务，可以从可得性、作业绩效、故障与恢复和可靠性四个方面加以考虑

1. 可得性

可得性可以从三个方面加以考虑：缺货频率、供应比率和订货完成率。

缺货频率是指缺货发生的概率，该方法用于表示一种产品可否按需要装运并按时交付给客户。当需求超过可得性时就会发生缺货，缺货频率是衡量需求超过可得性的概率。将全部产品所发生的缺货次数汇总起来看，可以反映一个企业实现其服务承诺的状况。缺货频率是衡量存货可得性的起点。

供应比率是衡量缺货的程度或影响的大小，一种产品的缺货并不意味着顾客需求得不到满足，在判断缺货是否影响服务绩效以前，先要搞清楚客户的真实需求。例如，一位客户订货 200 个单位，库存只有 160 个单位，那么订货供应比率为 80%，如果这 200 个单位的订货都是至关重要的，那么 80%的供应比率导致缺货，将使客户产生严重不满。如果 200 个单位的商品转移速度相对比较缓慢，那么 80%的供应比率则可以使客户满意，客户会接受另外 20%延期供货或重新订货。

订货完成率是衡量供应商拥有客户所预订的全部存货时间的指标，这是一种最严格的衡量。假定其他方面的完成是零缺陷，则订货完成率就为客户享受完美订货率的服务提供了潜在的时间。

2. 作业绩效

作业绩效可以通过速度、一致性、灵活性、故障与恢复等方面来衡量。

完成订发货周期速度是指一开始订货到货物装运实际抵达这段时间，但由于物流系统的完成周期所需时间有很大不同，即使在当今高水平的通信和运输技术条件下，订发货周期短至几个小时，长达几个星期。一般供应商的配送是建立在客户各种期望的基础之上来完成周期性作业。如果客户有要求，供应商可以通过通宵作业及高度可靠的运输企业在几个小时之内加速，因为这种加速会导致增加物流成本及提高价格。因此，可以通过比较完成周期时间与客户存货投资之间的关系来确定发货周期速度。

一致性是指供应商在众多的订货中按时配送的能力，也就是说，随时按照对客户的配送承诺加以履行的处理能力。一致性问题是物流作业最基本的问题。

作业灵活性是指处理异常的客户服务需求的能力。在始料不及的环境下如何妥善处理问题直接关系到物流企业的竞争能力。在很多情况下，物流优势满足关键客户的需求时所拥有的“随机应变”的能力。

3. 故障与恢复

不管供应商作业多么完美，故障总会发生，而在发生故障的作业条件下继续实现服务需求往往变得十分困难。为此，供应商要有能力预测服务过程中可能发生的故障或服务中断，并有适当的应急计划来完成恢复任务，使物流过程保持完整性和持续性。

4. 可靠性

物流活动中最基本的质量问题是如何实现已计划的存货的可得性及作业完成能力。供应商有无提供精确信息的能力是衡量其客户服务能力最重要的一个方面。客户都不希望意外事件发生，如果他们能够事先得到信息，就能够对缺货或延迟配送等意外情况做出调整。对于物流经理人来说，最关心的是如何尽可能少发生事故，顺利完成作业目标，而顺利完成作业目标的重要措施是从故障中吸取教训，改善作业系统，以防止再发生类似事故。

三、满足客户需求的评价指标

1. 时间

对客户的要求作出迅速而可靠的反应通常是争取和留住客户的关键。一些客户不仅要求物流企业在最短的时间内作出反应，更关心这些反应的可靠性。对客户来说，按时提供新产品或新服务是实现客户满意的一个重要因素。客户得到这些新产品和新服务的时间，作为绩效评价指标，是一种以时间占市场的手段。尽可能在最短的时间内满足客户的要求是极为重要的。具体影响时间的因素有以下几个变量：订单传送，订单处理，订单准备，订单发送。

2. 质量

质量是硬指标，产品的质量一般是通过次品率来评价，例如每年百万件产品中的次品率。服务质量往往和时间概念联系在一起，例如按时交货就是评价服务质量的一个指标。

3. 价格

价格在某种程度上是影响交易的主要因素，企业往往根据竞争对手的价格确定自己的打折和优惠价，以具有竞争力的价格售出产品服务并赢得更多的客户。对物流企业来说，应力争提供最具有吸引力的价格去赢得更多的客户。

4. 可靠性

客户服务的可靠性具体表现在备货时间的一致性，安全交货，订单的正确性。

第二节 物流客户服务质量管理基本程序

一、构建物流客户服务质量体系

物流服务质量体系就是为实施物流服务质量管理所需要的组织结构、程序、过程和资源。按照全面质量管理的思想，物流服务质量管理体系应当具备以下要素。

1. 质量管理体系结构

质量管理体系一般是按照 ISO9000 系列标准构建的，作用是为了达到和保持物流服务质量的目标，是企业内部相信物流服务质量达到要求，是客户相信物流服务符合标准。质量管理体系是一种客观存在的事物，它是实施物流服务质量管理的基础，又是物流服务质量管理的技术和手段。

2. 组织结构

质量体系的组织结构是组织为行使质量管理职能的一个组织管理的框架。其重点是将组织的质量方针、目标层层展开形成多级的职能，再转化分解到各级、各类人员的质量职责和权限，明确其相互关系。

3. 程序文件

对于服务质量体系，所有程序最终必须形成程序文件，使之有章可循，有法可依。程序文件是质量体系可操作的具体体现，是质量体系得以有效运行的可靠保证。程序文件没有固定的格式，形成文件的程序应根据服务企业的规范、活动的具体形式、服务质量体系的结构而采用不同的形式。

4. 控制过程

控制的过程就是要使执行情况与预期目标保持一致，确保所预期目标实现的过程。

设计的服务质量及其标准要通过测试和监控结合起来，确保实施情况和标准相吻合，当测试结果超出允许范围时，应分析原因并及时采取纠正措施。

5. 资源要素

构成物流服务质量管理体系的资源要素包括信息资源、人力资源和物质资源三部分。

（1）信息资源，服务质量体系有赖于服务质量信息系统的支持。对信息系统的投资，就像对其他物质资源的投资一样，目的都是为了提高和加强服务企业的竞争优势。以提高服务著称的组织通常很善于把握客户的想法，并能把来自客户的质量反馈信息加以处理，使之成为质量控制和改进的依据。

（2）人力资源。“以人为本”已经成为当今企业的口头禅，人力资源的重要性也已被众多物流企业所认可。人是服务企业最重要的资源，几乎所有的服务都是由服务企业的员工来提供。能否实施有效的质量管理，人的因素是具有决定性的。由于服务是一种情绪性的工作，管理好服务体系中的人力资源管理必须做到：适合的岗位、激励机制与及时培训。

（3）物质资源。所有的服务企业提供客户服务，建立完善的服务质量体系都要对基础设施及设备建设投入大量的资金，这些基础设施及设备包括：基本的装修和服务工具、有关客户的信息系统、管理的通信网络和备用物资的储备等。

以上五个方面的要素是构建物流服务质量体系所必需的。企业应当充分认识质量管理在物流服务管理中的重要性，通过维护客户的利益使客户满意以达到改进企业质量的目的。

二、对物流客户服务的市场调研进行质量管理

1. 物流客户服务的市场调研的内容

物流企业对物流客户服务的市场调研是确定和提高物流质量的开端和基础，研发的内容包括：

（1）确认和测量各种现存的和潜在的市场资源。

（2）分析各种市场的特征，以及竞争状况、市场占有率、市场装备及竞争趋势等内容。

（3）预测各种市场，包括成长或衰退的基本动力、客户的趋势与变迁、新竞争性服务业的类型、环境变迁内容。

（4）确认、衡量以及分析新的市场研发项目。

2. 物流客户服务市场调研的质量管理

（1）管理指标。

管理指标是对物流客户服务活动市场调研中关键控制因素的反应。市场调研质量管理应当建立完善的立体管理指标体系，应当能够从不同层次、不同侧面反映物流客户服务的市场调研水平。企业设计的每一个指标都应当有明确的目的，应当具有可操作性，并且是可以被理解和接受的。管理指标应当尽可能量化，对那些无法计量的关键控制因素，可以采用定性描述的方法设立指标。

（2）管理标准。

进行物流客户服务市场调研质量管理有以下常用的评价标准：

①历史标准。历史标准是将当前市场调研质量某个指标同企业的同期或历史水平进行纵向比较，从而掌握其发展轨迹和发展趋势。通过分析，找出调研水平变化的原因，为进一步控制和改进奠定基础。

②计划标准。通过将企业所达到的市场调研质量同计划目标进行比较。可以反映出计划目标的完成情况，为激励制度的实施提高依据，必要时还可以根据调研的实际水平对计划目标作出修订。

（3）管理方法。

对物流客户服务的市场调研进行质量管理，应当对各指标的具体管理方法作出说明，应当通过运用科学的管理方法，确保市场调研能够真实反映企业的物流客户服务水平。在质量管理中常用的方法有统计法、排列法等，各种方法都有其适用范围和优点，企业应当根据指标的不同特点选用合适的评价方法。

（4）绩效分析。

市场调研的绩效评价必须通过认真、细致、全面的分析，找到各控制因素之间的内在联系，从而对企业物流和服务市场调研的现状和发展趋势做出分析和判断。分析的结果应当形成结论性报告，为管理者进行决策提供依据。

企业通过市场调研和分析，应把市场调研和分析的结果以及服务企业对客户的义务都纳入服务提要中。服务提要中规定了客户的需要和服务企业的相关能力。服务提要中应明确包含安全方面的措施，潜在的责任以及使人员、客户和环境的风险最小的适当方法。

三、对物流客户服务设计进行质量管理

物流服务设计是影响客户服务质量的主要内容，优化物流企业的服务设计必须考虑四方面的效益：时间效益、降低成本、规模效益及协同运作效益。

1. 时间效益

随着信息技术的发展，人们对于时间的认识也越来越深刻。企业可以通过先进快捷的信息传递获得需求信息，并进行准时化生产，使减少库存、缩短库存周期成为可能。一般从“延迟”和“集运”两个概念上实现物流时间的缩短。

（1）延迟。

这里所说的延迟并非通常所指的拖延时间，而是一种减少预测风险的策略。它是指在保证物流业务运作的准确性的前提下，尽量减少不必要的等待时间。传统的物流管理往往依靠预测来决定库存的大小，保证一定的库存量。如果需求变得完全确定，则产品的订购可以推迟到最后进行。

物流延迟的基本概念是在物流网络中设计几个主要的中央仓库，根据预测结果储存必要的物品，不考虑过早地在消费地点存放物品，尤其是价格高的物品，一旦接到订单，从中央仓库处启动物流程序，把物品送往客户所在地的仓库或直接快运给客户。这种策略特别适用于高价值的物品，在整个物流网络中，只在少数几个中央仓库保持必要的最低量库存，以确保所有潜在的要求，一旦需求发生，订单通过电子邮件传送到中央仓库，然后采用快速直运方式送到客户手中。

（2）集运。

集运即集中运输策略。在物流中存在着一对矛盾，即规模经济性与客户需求多样性之间的矛盾。延迟策略比较好地处理了这对矛盾，但在很多地方还不得不采用小量甚至单件运输的方式。在有些场合下采取集中运输的策略能获得更好的效果。

2. 降低成本

物流管理的成本降低战略在于对物流的各个功能环节进行成本效益分析，杜绝浪费现象，减少运输损坏、废弃、次品等；对于拿取工作、放置物品、集中零件及寻找工具等不产生附加价值的无用功通过工序分析或流程再造实现最小化，增加推进工序前进、创造商品价值和实用价值的有用功的比重，从而减少浪费、降低成本。

3. 规模经济效益

物流作为一个环节复杂的流程，涉及的成分较多，是企业中最容易实现规模经济效益的领域。通过物流各部门活动在综合的层面上进行统一的计划、组织和实施，将有效地使企业在节省物流成本的同时扩大物流经济效益，达到规模经营的效果。事实证明，企业大多数的物流服务利益产生于规模经济效益。

要有效地实现物流的规模经济效益化，就要通过对企业物流活动相关环节的计划与运筹安排，巧妙地将订货进行分析、汇总、配货。使得采购与销售尽可能地实现大量化与稳定化。物流企业要实现对物流活动相关环节的计划，必须要充分利用现代科学化的电子分析与交换技术，无论对供应商的订货还是客户对企业的订货，都要通过混装订货与发货制定较大批量的采购与发货计划，以获得物流管理集中化所能达到的规模经济效益。

4. 协同运作效益

物流管理的协同运作效益应是使各个物流运作部门或相关企业都有符合企业物流要求的核心专业化，使得各个运作部门或相关企业与其他部门或企业相比，具有更为雄厚与优越的提供物流相关功能服务的地位与优势，即比较优势，它能够使企业获得额外的附加利益。

为实现协同运作，企业必须在对企业所建立的物流客户服务网络的资源进行统一规划的同时强调合作，将各个部门间或与相关企业间的服务链附加长期性合作因素，将更多有关合作的相关信息在运作部门间公开化，通过实时的信息传递与交换，实现物流计划的共享与共制，从而给予信息的连接，在各个运作部门之间建立一个互动的合作平台，确保企业的物流业务能够及时有效地完成，达到协作的“多赢”效益，使企业获得最大的协同运作效益。

要达到协同运作效益，企业必须在各个运作部门间建立一起工作的共同期望，明确各个运作部门或相关企业所承担的物流活动环节的相关工序的顺序与衔接，以一定层次的信息共享为基础，建立对物流计划的共享与共制，从而在高效完成物流任务的同时，更进一步地追求更高的优势与更强的整合核心能力。

四、对物流客户服务提供过程质量管理

对运输、仓储、库存等主要物流服务过程进行质量管理，可以采用以下一些指标。

1. 物流生产率

$$物流生产率=\frac{物流系统的总产出}{物流系统的总投入}\times 100\%$$

物流生产率通常包括实际生产率、利用率、行为水平、成本和库存等。

2. 运输方面

$$物品损坏率=\frac{年货损总额}{年货运总额}\times 100\%$$

$$正点运输率=\frac{年正点运输次数}{年运输总次数}\times 100\%$$

$$运力利用率=\frac{年实际运输量（t\times km）}{年运输能力（t\times km）}\times 100\%$$

3. 仓储方面

$$物品完好率=\left(1-\frac{年物品损坏、变质金额}{年储备总金额}\right)\times 100\%$$

$$物品盈亏率=\frac{年物品盘盈额+物品盘亏额}{年物品收入总额+物品发出总额}\times 100\%$$

$$仓容利用率=\frac{年储存物品实际数量或容积}{年可储存物品数量或容积}\times 100\%$$

4. 库存管理方面

$$库存结构合理性=\left(1-\frac{一年以上无需求动态物品额+积压物品额}{库存物品总额}\right)\times 100\%$$

$$在制品库存定额=生产周期\times 日产量$$

$$供应计划实现率=\frac{实际供应额}{计划供应额}\times 100\%$$

$$物流中断率=\frac{后阶段物料需求量-前阶段物料供应量}{后阶段物料需求量}\times 100\%$$

$$销售合同完成率=\frac{实际按期供货额}{合同供货额}\times 100\%$$

5. 生产计划与控制方面

$$费用预算比=\frac{生产费用}{预算}$$

$$产能利用率=\frac{年实际产值}{年可能产值}\times100\%$$

$$劳动生产率=\frac{年总产值}{生产工人平均数}\times100\%$$

五、提高物流客户服务质量的措施

物流客户服务质量管理的一项重要内容就是对服务质量进行持续的改进，不断追求更高品质的服务，以提高客户的满意度，增加企业的市场竞争力。持续地进行物流服务质量的改进应当从改善客户服务流程、改进客户服务方法、开展个性化服务、提高增值服务几个方面加以努力。

1. 转变观念，强化物流服务质量

面对激烈竞争的时代，企业生产经营领域发生了重大的变革，产品生命周期越来越短，产品的个性化、多品种、小批量成为现代企业生产经营的主流，其结果要求物流企业提供多频次、少量化、短时间物流服务。与此同时，质量管理领域发生了观念上的变革，一些新的质量管理理念不断涌现。因此，物流企业应进一步解放思想，更新观念，正确把握物流服务质量的内涵和实质，积极探索，勇于创新，善于解决物流服务中遇到的新问题、新矛盾，把握物流服务的基本规律，树立全新的服务理念，用新的质量管理理论指导物流服务质量管理实践，努力拓展服务范围，实行人性化服务，不断提高物流服务质量。

2. 重视过程，构建全新的物流服务质量管理体系

现代质量管理思想指出，质量的持续提升，顾客满意机会的增加，需要通过在企业内全面开展质量管理来获得，因此，良好的企业质量管理环境是保证物流服务质量控制和改进顺利进行的前提，而创建这样的环境，需要构建适合物流企业发展的服务质量管理体系。

（1）按ISO9000质量管理体系要求建立服务质量管理体系。

物流服务质量提高，有赖于建立有效的质量管理体系，而ISO9000质量管理体系是当今最有效、最先进、规范化的质量管理理论和方法。虽然很多物流企业已经建立了质量管理体系，但由于执行、监管力度不足，造成运行效率还不尽满意。为此，物流企业应按ISO9000标准的要求构建服务质量管理体系，使质量管理的组织机构、过程、程序和资源构成有机整体，建立有效物流服务质量控制机制，以实施服务质量方针、实现质量目标，真实和最大限度满足顾客的需求和期望，增强顾客的满意度。

（2）重视物流服务实现过程，持续改进和提高物流服务质量。

物流企业服务质量管理体系涉及影响服务质量的所有资源和要素，以及服务实现的全过程，物流服务质量管理体系运行中最重要的物流服务实现过程，这一过程主要包括物流服务市场营销过程、物流服务设计过程、物流服务提供过程、物流服务业绩的评价和改进过程。物流企业的服务质量就是在上述过程周而复始运行之下不断地得到改进和提高，因此，应加强过程的控制，以适宜的物流成本提供最好的物流服务，进而提高物流企业整体素质。

（3）应用全面质量管理的思想，保证质量管理体系良性运行。

未来保证质量管理体系良性运行，物流企业应引入全面质量管理的思想。全面质量管理将质量作为公司的整体要素去考虑，实施全员的质量管理、全过程质量管理、全企业的质量管理、多方法质量管理，它把以顾客为中心、全员参与、持续改进等思想贯穿到企业流程的管理中，通过建立可测量、可控制的服务行为质量特征和标准，提升网络企业的服务质量。为此，物流企业应将全面质量管理思想渗透到企业的质量发展战略和质量管理体系中，合理规划资金、技术等资源，努力实现服务流程的制度化、规范化，不断推动和完善企业服务质量管理程序，加强企业质量文化建设，构建有统一目标、有作战能力的人才团队，使服务成为全体员工的共同价值观念、信念和行为准则，持续不断地改进服务质量和可靠性，确保物流企业不断提高服务质量。

3. 细化管理，全面提高服务质量水平

提高服务质量，关键在于管理。因此，物流企业应根据自己的实际情况，采取有效措施，细化管理，提高服务质量水平。

（1）确定物流服务质量标准，提高服务工作标准化程度。

为提高服务质量的可测性，加快服务速度，降低成本费用，减少差错，物流企业应根据实际情况和顾客的要求，精确地测定各项重复性服务工作所需的时间和其他资源，精心设计服务操作程序，确定物流服务标准，力求使物流服务标准满足顾客期望且明确、具体、可行、重点突出，并要求员工认真执行服务标准，不断提高服务工作质量，为顾客提供优质服务。

（2）明确各部门和有关人员的质量职责，建立健全物流服务质量管理制度。

物流服务质量设计各个部门和人员，因此，应结合物流企业实际情况，商讨、分析、明确质量，在此基础上进行分工，明确各部门的责任，加强配合和协作，保证质量职责的落实。同时，应对服务质量形成的各环节进行分析，建立严格的质量管理制度、物流服务规范、标准、服务质量、档案制度等，严格按要求、规范和标准来规范和约束物流服务人员行为。

（3）加强事前、事中、事后控制。

为消除顾客对物流服务无形性、不可储存性、结果差异性、过程不确定性的担忧，物流企业应向顾客提供服务过程的可见性，通过用物流服务标准约束服务过程，并对物流服务质量实施预防性或前置性管理，加强对物流服务过程的检测和控制。因此，物流企业应从事前控制开始，找出可能服务质量的细节因素，做出事前的预备措施，将影响服务质量的各项因素消灭在萌芽之中，进而控制服务质量。

4. 积极采用先进的物流技术，提高物流服务质量的执行力

当今社会是一个消费多样化、生产小量化、流通高效化的时代，对物流服务要求越来越高。而提供优质的物流服务需要先进的物流技术去保证，因此，物流企业应加大力度，积极采用先进的物流技术，配备先进的物流机械设备，不断提高企业，提高企业物流效率和服务质量。

5. 营造持续改进客户服务质量的良好环境

实现服务质量持续改进的首要前提是在企业内部营造良好的环境。要让员工通过学习和培训明确物流服务质量改进的目的和目标，要让他们理解现代质量与质量管理的真正内涵，使他们知道服务质量是可以测量和评价的，是可以通过不断的学习、改进和创新而达到让客户满意标准的。同时，企业也应当建立良好的企业文化，对员工的需求给予充分的重视。领导要关心员工，与员工沟通，形成相互尊重、相互合作、融洽的工作氛围，要使追求更高品质的氛围质量成为所有员工的“共同愿景”。

6. 设定客户服务质量标杆

竞争是促进企业不断提高服务质量的最有效动力，任何企业都不能忽略竞争对手的影响。企业要把与行业中最有竞争力的佼佼者的横向对比作为明确服务质量改进战略、制定改进措施的重要依据，要分析他们在战略、经营管理、业务运作以及技术等方面的优势，并结合企业的实际情况设定质量改进的标杆，通过不断地比较和学习提高自身的质量管理水平。

7. 改善客户服务流程

服务流程是物流服务提供过程中各个环节的顺序和相互关系，它包含了影响服务质量的绝大部分因素。改进服务质量应当实施有效的流程管理，不断对业务流程进行审查，对其进行反复的、系统的改善。

（1）售前服务改造。

售前服务改造包括：设计用于设置设备的特殊设施的建筑服务；安装设备的安装服务；训练操作设备人员的培训服务；设备保养与修理服务；融通资金服务等。

（2）售后服务改造。

设备生产商必须决定如何向客户提供他们可提供的售后服务，如维修服务、培训服务等。物流企业可以跟踪设备的使用情况，并了解设备存在的问题。了解客户的需求并提供免费或收费较低的培训。

（3）改进客户服务方法。

要实现让客户满意的目标，不但要对物流服务的开发、设计、作业等全过程进行质量控制和改进，还应当寻找好的服务方法。听取客户、员工甚至竞争对手的意见，不断提高本企业的竞争实力。

8. 开展个性化服务，提供增值服务

个性化服务可以增加革新特色以使其有别于他人。企业可以在保持一定规模经济的同时，为客户提供满足其不同需求的个性化服务，使客户能获得满意的感受。

第三节　物流客户服务绩效评价

优秀的物流客户服务是大多数物流企业追求的目标，而对其绩效进行合理的评价可以发现企业物流客户服务中存在的缺陷和不足，为企业的客户服务指明发展的方向，促进企业建立科学的客户服务策略，梳理良好的客户服务理念。

一、绩效评价

1. 关于绩效

绩效评价是对业绩和效率的一种事后的评估与度量以及事前的控制与指导，从而判断是否完成了预定的任务、完成的水平、取得的效益和所付出的代价。

绩效考评有以下几项作用。

（1）可以提出和追踪任务目标的达到程度，并对其做出不同层次的度量，从而能够事先对活动进行控制。

（2）根据绩效评价，判断计划和任务的可行性与准确性。

（3）根据绩效评价进一步对工作进行改善从而对工作提出新的管理与控制目标。

（4）根据绩效评价，决定奖惩、升迁。

（5）根据绩效评价，判断本身的竞争能力，已确认今后的市场战略。

2. 业绩度量

一般的绩效评价，对于业绩的度量可以做以下的细分：

（1）与产品工艺技术有关的业绩度量。

（2）与成本、收入、利润有关的财务方面的业绩度量。

（3）与资源有关的业绩度量。

二、物流的绩效评论

1. 物流绩效评价的特殊性

物流活动具有复杂性。物流活动是商业活动和其他活动的派生物，又具有远程性和服务性，因此，其结构不但复杂，而且不稳定，系统很难具有恒定性。在物流领域中业务比较稳定的仓库管理领域，尽管公认是绩效评价比较易于贯彻的领域，但是，仓库管理的对象也经常发生变化，流量的稳定性远比工业生产的差，因此，物流过程绩效评价很难像工业生产绩效评价那样达到事先控制的目的，这些特殊原因使物流领域不可能完全搬用工业绩效评价的方法。

2. 绩效评价的目的

物流绩效评价的目的在于，通过物流绩效评价系统，对物流作业进行监督、控制和指挥，以达到物流资源（人力、设施、装备、外包业务、资金）的有效的、合理的配置，并且向客户提供达到或者超过协议服务水平的有效服务。

3. 物流绩效评价内容

（1）合理划分责任中心，明确规定权责范围。

（2）编制责任预算，明确各物流责任中心的业绩考核标准。

（3）区分每个责任中心的可控与不可控费用。

（4）建立健全严密的记录、报告系统。

（5）制定合理而有效的奖惩制度。

（6）定期编制业绩报告。

三、物流绩效评价方法

物流绩效评价可以分成单项的、基础的基本业务绩效评价和总体物流活动的绩效评价两类。

这两类评价方法有很大的不同，前者可以通过财务数据、计算数据、测定数据取得评价结果，比较容易量化；后者比较多采取投入产出方法、价值工程方法、方案比较方法和其他模糊分析的方法，取得比较的结果。

1. 基本业务绩效评价

基本业务往往通过以下指标进行绩效的判定：

（1）时间指标，例如货单处理时间、入库时间、出库时间、信息查询时间、答复及回文时间、等待时间、装卸时间、在途时间、结算时间、配送时间、资金周转时间、库存周转时间、返款时间以及差错处理时间等。

（2）工作水平指标，例如差错率、损毁率、缺货率、准确率、资源利用率等。

（3）成本指标，例如单位成本、人力成本、资源成本、各种费用支出、成本增减、成本占用比例、实际损失及机会损失等。

（4）资源指标，例如原料消耗、燃料消耗、能源消耗（在物流领域主要是油耗）、材料消耗、人力消耗、设备占用、工具消耗等。

2. 总体物流活动的绩效评价

（1）内部评价。对总体物流活动，物流企业必须做出自己的内部评价，以做到心中有数。内部评价是本身的一种基础性的评价，根据内部评价才可以确认对客户的服务水平、服务能力和满足服务客户要求的最大限度，做到既不失去客户，又不因为过分满足客户的要求而损害企业的利益。内部评价是建立在基本业务绩效评价的基础之上的，以此为基础，把物流系统作为一个“黑箱”，进行投入产品产出分析，从而可以确认系统总体的能力、水平和有效性。

（2）外部评价。对物流总体的外部评价，应当具有客观性，采用的方法主要有两个：一个是顾客评价，可以采用调查问卷、专家系统、顾客座谈会等方式进行这种评价；另一个是采取选择模拟的或者实际的“标杆”进行对照、对比性的评价。采用计算机模拟技术，用虚拟现实的方法，可以有效地对物流系统的总体做出准确的绩效评价。

【思考与练习】

一、名词解释

1. 物流质量

2. 绩效评价

二、简答题

1. 物流客户服务质量指标体系是什么？

2. 构建物流客户服务质量管理体系的要素有哪些？

3. 如何提高物流客户服务质量？

三、案例分析

A 物流企业客户服务案例分析

一、A 物流企业背景

A 物流企业成立于 2003 年 3 月，是一家专业从事国内货物运输、仓储、配送、托运的中小型运输物流企业。自公司成立以来，建立了以铁路运输、公路运输为主，结合包装制作、仓储管理、物流服务一条龙的综合运营体系。公司位于京津塘高速与东五环交界处，交通便利，现分别与全国各大货运单位形成联运的工作方式，每天都有各类型的运输车发往全国各地并且受理全国各地各大、中城市的整车零担、货物托运业务，设有库房，办理中转，可以承接全国大多数大中城市的运输业务。

（一）业务范围

（1）办理北京至全国各地中铁快运、铁路快件、铁路行包等业务；

（2）办理北京至全国各地航空普件、航空急件、航空派送、航空异地付款业务；

（3）办理北京至上海、广州、成都以及全国各地公路运输，大、中、小城市均可到达；

（4）办理北京至全国各地长途包车、空车配载业务；

（5）办理货物仓储并有大量库房出租；

（6）办理北京至全国各地的特快专递业务。

（二）专项业务项目

（1）专业为互联网公司服务，如中企动力和天下互联都是该公司的客户；

（2）学生行李托运：为了适应市场的发展，也为了给在校大学生提供更多的方便，公司特地开设了为学生提供行李包装托运的相关业务；

（3）长途搬家业务：为部分公司和个人提供了北京至上海、广州、成都等大城市的长途搬家业务；

二、A 物流企业客户服务现状

这几年，我国第三方物流发展很快，但真正能够提供一体化服务的企业还不多。物流企业的规模普遍较小，难以形成规模优势，取得规模经营的效率和效益。物流的硬件基础与发达国家相比还有相当大的距离。工商企业重视物流不仅仅是为了节约成本，而是他们越来越认识到物流对提高客户服务水平及企业获得竞争性战略优势的重要性。在第三方物流企业融入客户供应链后，它所提供物流服务的种类与水平需要根据客户的特点“度身定制”。第三方物流企业的运作表现直接关系到被服务公司客户的满意与否，第三方物流企业只有对客户的服务作出贡献，才能取得成功。

作为一个小规模第三方物流企业，A 物流企业也面临着上述行业困境。体现在公司战略上，则是以产品营销策略为主，通过对运输、储存、装卸、包装、流通加工、配送等基本功能的组织与管理来满足客户物流需求。公司的营销策略为“快递的速度，货运的价格”，秉承“安全、准时、快捷、经济”的服务理念，这种对价格营销、物流过程的重视，在一定程度上提高了物流配送服务的质量，并且从以下三个方面影响客户的满意程度：

第一，物流过程通过产品配送提供客户所要求的基本增值服务：时间效用与地点效用；

第二，物流直接影响其他业务过程中满足客户的能力；

第三，配送和其他物流作业经常与客户发生直接联系，影响客户对于产品以及相关服务的感受。

但是这种战略也影响了该公司在相同的成本下进一步提高客户服务水平的能力，这主要体现在以下四个方面：

（一）没有树立正确的物流服务观念

A 物流企业只是把物流服务水平的高低看作是一种销售竞争手段，对物流服务是物流企业核心竞争力的重要组成因素没有引起足够的重视，缺乏整体服务理念和建立稳定的合作关系的意识。第三方物流企业是服务企业，物流服务于从生产到消费的全过程。但很多第三方物流企业仅从自己业务的视角范围内看待自己的服务，而不是从供应链的角度来看待物流服务，因此对服务对象的客户企业的上游、下游了解不够，对他们的战略目标、发展需求了解不够。第三方物流是客户的战略同盟者，而非一般的买卖对象。第三方物流企业在物流领域扮演的是客户战略同盟的角色。在服务内容上，它为客户提供的不仅仅是一次性的运输或配送服务，而是一种具有长期契约性质的综合性物流服务，最终职能是保证客户物流体系的高效运作和不断优化供应链管理。从这个角度来看，第三方物流企业与其说是一个专业物流企业，不如说是客户的一个专职物流部门，只是这个“物流部门”更具有专业优势和管理经验。与传统运输企业相比，第三方物流的服务范围不仅仅限于运输、仓储业务，它更加注重客户物流体系的整体运作效率与效益，供应链的管理与不断优化是它的核心服务内容，它的业务深深地触及到客户企业销售计划、库存管理、定货计划、生产计划等整个生产经营过程，远远超越了与客户一般意义上的买卖关系，而是紧密地结合成一体，形成了一种战略合作伙伴关系。

从长远看，第三方物流的服务领域还将进一步扩展，甚至会成为客户销售体系的一部分，它的生存与发展必将与客户企业的命运紧密联系在一起。一个企业的迅速发展光靠自身的资源、力量是远远不够的，必须寻找战略合作伙伴，通过同盟的力量获取竞争优势。而第三方物流扮演的就是这种同盟者的角色，与客户形成的是相互依赖的市场共生关系。

（二）没有建立适宜的客户服务目标

A 物流企业在很大程度上以公司内部导向的和竞争对手导向的目标为依据确定他们的客户服务标准，简单地把往年成绩提高一定百分比来作为他们的实施目标。包括：发货及时率、到货及时率、客户满意度、订单完成率比上年提高 1%，破损率比上年降低 25%。（据 A 物流企业的统计表显示，上年发货及时率为 95%，到货及时率为 97%，订单完成率为 98%，破损率为 4%，客户满意度没有统计数据）。

这种不明确、不细化的客户服务目标，导致 A 物流企业员工在实际的客户服务过程中可操作性较低。

（三）缺乏完善的服务质量评价指标

基于上述客户服务的目标，A 物流企业也缺乏完善的服务质量评价体系。公司通过对物流服务单据的统计与汇总来进行服务质量评价。每月月底将本月的订单进行汇总，按照订单信息统计出发货及时率、到货及时率、客户满意度、订单完成率以及破损率等数据。

在汇总中，对于单据已丢失的服务信息则无法进行统计。这种简单的、不完整的服务质量评价方式，既不能从根本上正确反映A物流企业的客户服务水平，也不能得出提高客户服务水平的改进意见，因此极大地制约了A物流企业客户服务水平的提高，同时也阻碍了公司的健康发展。

（四）信息化服务能力薄弱

作为一个小规模第三方物流企业，A公司的信息化服务能力很薄弱，体现在以下几个方面：

（1）下单方式单一，只能通过电话或传真进行；

（2）查询方式单一且滞后，客户只能通过电话查询，拨打发货地的电话查询发货时间、拨打收货地的电话查询到货时间。A公司内部没有订单过程跟踪系统。

物流服务的信息化，其目的既在于提高物流企业自身的效率，更在于提高物流服务的质量，协助客户随时控制或跟踪物流的节奏。没有业务流程的电子信息化，提供现代第三方物流服务就无从谈起。物流信息建设一直是我国第三方物流企业的薄弱环节，严重影响了客户对服务的满意程度。在推进物流企业质量标准化的过程中，服务质量的及时跟踪和有效控制对企业信息系统建设提出了更高的要求，第三方物流企业加快推进信息化建设已迫在眉睫。

思考：

针对案例中A公司物流客户服务现状，应采取哪些措施提高A物流企业客户服务水平？

参考文献

[1] 黄由衡，韩霜：《物流客户服务成本与物流服务水平关系探析》，载《物流技术》2007年第2期。

[2] 汪利虹：《物流客户服务绩效评价与提升策略研究》，华中科技大学硕士学位论文，2012年。

[3] 徐超毅：《物流客户服务绩效评价研究》，合肥工业大学硕士学位论文，2006年。

[4] 汪利虹，张冕：《物流客户服务与客户忠诚度关系的实证研究》，载《中南民族大学学报》（人文社会科学版）2014年第1期。

[5] 顾明：《客户关系管理应用》（第2版），机械工业出版社2015年版。

[6] 石小平：《物流客户服务》（第2版），人民交通出版社2012年版。

[7] 周贺来，陈国栋：《客户关系管理实用教程》，机械工业出版社2013年版。

[8] 李文龙：《客户关系管理实务》，清华大学出版社2010年版。

[9] 郑斌：《物流客户服务》，高等教育出版社2013年版。

[10] 李满玉：《物流客户服务》，高等教育出版社2013年版。

[11] 张京蒲：《物流客户服务》，高等教育出版社2014年版。

[12] 王晓望，韩冬艳：《物流客户服务与管理》，机械工业出版社2015年版。

[13] 李光明，李伟萁：《客户管理实务》，清华大学出版社2009年版。

[14] 苏朝晖：《客户关系管理》，中国经济出版社2012年版。

[15] 薛永基：《客户关系管理——理论、技术与实践》，人民邮电出版社2013年版。

[16] 游艳雯：《物流客户服务操作实务》，化学工业出版社2010年版。

[17] 谢雪梅：《物流客户服务管理》，北京理工大学出版社2010年版。

[18] 周爱国，卢发翠：《物流客户心理学》，中国物资出版社2009年版。

[19] 周爱国：《物流大客户管理》，中国物资出版社2008年版。

[20] 赖菲：《物流客户开发与服务》，上海财经大学出版社2014年版。